Werner Bischler

G'schichtn rund ums Wertachbrucker Tor

Die Deutsche Bibliothek – CIP-Einheitsaufnahme

Werner Bischler:
G'schichtn rund ums Wertachbrucker Tor / Werner Bischler. –
Augsburg : Wißner, 1999
  (Edition Presse-Druck)
  ISBN 3-89639-173-9

Inhalt

Grußwort

Die Stadtmauern dienten einst dem Schutz der Stadt, grenzten sie ab gegen das Umland, hielten die Stadt zusammen. Die Tore machten diese Mauern durchlässig, ermöglichten die Verbindung zwischen drinnen und draußen, einen geregelten Austausch.

Die Stadt ist über die von den Stadtmauern vorgegebenen Grenzen längst hinausgewachsen. Mauern und Tore von einst haben ihre Funktion eingebüßt, haben ausgedient. Sie sind, soweit noch vorhanden, zu Denkmälern geworden, zu Zeugnissen einer reichen urbanen Tradition.

Das Wertachbrucker Tor, in seiner jetzigen Form ein markantes Werk unseres großen Stadtbaumeisters Elias Holl, steht heute abseits der Ausfallstraßen, der Verkehr geht an ihm vorbei, es ist wie ein Eckpfeiler unserer Altstadt, ein liebenswertes Denkmal Alt-Augsburgs. Nachdem die Augsburger Schreiner-Innung, die ja eine kaum weniger rei-

che Tradition aufweisen kann, ein neues Zuhause suchte, sagte die Stadt ja zu einer neuen und sinnvollen Nutzung, wie schon zuvor bei den Anlagen an der Kahnfahrt durch den Lechfischerverein oder an der Vogelmauer durch die Historische Bürgergilde.

Ich danke an dieser Stelle allen, die mitgewirkt haben, daß das Wertachbrucker Tor nunmehr wieder zu einem Treffpunkt geworden ist, und allen, die mit dem vorliegenden Buch Geschichte und Geschichten rund um dieses Bauwerk lebendig werden lassen.

Ich wünsche diesem Band eine breite Leserschaft.

Augsburg, im Juni 1999

Peter Menacher

Dr. Peter Menacher
Oberbürgermeister d. Stadt Augsburg

Vorwort

Endlich ist es soweit! Die Arbeiten am Wertachbrucker-Tor-Turm sind abgeschlossen. Die neue Zunft- und Versammlungsstätte der Schreiner-Innung Augsburg kann seiner Bestimmung übergeben werden.

In beispielhafter Zusammenarbeit und mit viel Liebe zum Detail sind die Schreiner-Innung Augsburg und die Firmen der Qualität am Bau an diese Sanierung herangegangen. Dafür mein herzlichster Dank. Bedanken möchte ich mich auch bei der Stadt Augsburg, die uns diesen Turm überlassen hat.

Es war sicherlich nicht immer leicht, sämtliche Aspekte – wie Denkmal- und Brandschutz oder die Erhaltung des typischen Charakters des Wehrturmes der Stadtbefestigung – unter einen Hut zu bringen. Aber heute kann man sagen – es ist gelungen!

Ich wünsche mir, daß die Räumlichkeiten künftig nicht nur zum Treffpunkt für das Augsburger Schreinerhandwerk werden, sondern Begegnungsstätte für das gesamte Augsburger Handwerk. Die Stadt Augsburg hat ein Schmuckstück mehr.

Augsburg, im Juni 1999

Schreiner-Innung Augsburg
Obermeister Siegfried Schmid

Einleitung

Die Idee, ein Buch über das Wertachbrucker Tor und seine Geschichte zu schreiben, schien mir schon deshalb eine gute zu sein, weil mit zunehmender Entfernung vom Stadtzentrum das Wissen um die eigene Geschichte abnimmt. Dies gilt für Ereignisse und Personen gleichermaßen. Dabei sind wesentliche Kapitel der Stadtgeschichte gerade in diesem Viertel, ja sogar direkt am Wertachbrucker Tor geschrieben worden. Über einen Artikel in der Augsburger Zeitung hoffte ich, viele Bewohner zur Mitarbeit animieren zu können, sei es durch Zeitzeugenberichte, alte Dokumente oder Bilder. Und dabei nahm ich an, daß man meine Euphorie für dieses Vorhaben teilen würde. Als sich dann aber sage und schreibe zwei Personen meldeten, da wurde mir doch etwas mulmig. Dann eben nicht, dachte ich mir und machte mich ans Werk. Dies aber hätte letztlich nicht gelingen können, wären mir nicht doch verschiedene Institutionen und Personen behilflich gewesen, bei denen ich mich an dieser Stelle herzlich bedanken möchte. So stellte mir Herr Weber seine private Sammlung zum Wertachbrucker Tor zur Verfügung und legte damit die Grundlage für viele Anregungen. Daß sich Max Kuhnle, der Besitzer der Thorbräu dieses Themas annahm, war ihm ebenso eine Selbstverständlichkeit wie die Bereitwilligkeit von Pfarrer Zech von St. Georg, mir Unterlagen und Bildmaterial zur Verfügung zu stellen.

Mehrere »Georgsviertler« beteiligten sich am Entstehen des Buches, so z.B. Frau Schmid, Herr Sinzker und Herr Kraus, dem ich zu verdanken habe, daß ich nun endlich den Text des Gedenksteines kenne, der im südlichen Kirchhof liegt.

Wichtig war auch die Unterstützung durch den Vorsitzenden des Briefmarkenvereins, Herrn Lutzenberger. Für überlassenes Bildmaterial sei Pfarrer Dobschütz ebenso gedankt, wie Herrn Gerold Baumheyer und meinem Stadtführerkollegen, dem unverwechselbaren Helmut Burger. Das Stadtarchiv unterstützte das Vorhaben nach besten Kräften, wobei vor allem Herr

Rosengart mit einer Fülle von Ideen und praktischer Hilfe zum Gelingen beitrug. Mein abschließender Dank gilt dem rührigen Obermeister der Schreinerinnung, Herrn Siegfried Schmid, der mir diese Aufgabe übertrug und mich dabei ebenso tatkräftig unterstützte wie der federführende Architekt, Herr Wittmann und nicht zuletzt dem Wißner-Verlag. Mit diesem Team zusammenarbeiten zu können, macht wirklich Spaß und es war gerade die Kreativität von Herrn Neff, die maßgeblich zur Gestaltung dieses Buches beitrug.

Mögen alle Leser Gefallen am sanierten Wertachbrucker Tor und dem aus diesem Anlaß geschriebenen Buch finden, das wünscht sich der Autor.

Augsburg, im Juni 1999

Werner Bischler

Auf dem Weg zur befestigten Stadt

Wenn man heute während einer Wallwanderung »ums Tor« geht und den Zuhörern erzählt, daß Augsburg vor 500 Jahren eine der best bewachtesten und bewehrtesten Städte in ganz Deutschland war, blickt man oft in ungläubige Augen. Versucht man gemeinsam, die Entstehung der ehemaligen Stadtbefestigung zu erklären und ihren Verlauf nachzuzeichnen, dann merkt man sehr schnell, wieviel Wissen um die eigene Geschichte verloren gehen kann. Das Fest anläßlich der Sanierung des Wertachbrucker Tores bietet die willkommene Gelegenheit, Augsburgs Weg zur befestigten Stadt einmal nachzuzeichnen.

Die Geschichte der Stadt begann mit der Entscheidung des aus dem Lukas-Evangelium bekannten römischen Kaisers Augustus, der seine beiden Stiefsöhne mit einem klaren Auftrag über die Alpen schickte: Eroberung des nördlich davor liegenden Landes und Einverleibung in den römischen Herrschaftsbereich. Die Römer besiegten innerhalb eines Sommers die Vindeliker und andere keltische Volksstämme und ließen zur Sicherung Truppen im unterworfenen Land zurück, für die zunächst an der Wertach ein Lager errichtet wurde, das später nach Osten auf die Hochterrasse verlegt wurde. Aus diesem Lager entstand Augusta Vindelicorum: die Stadt des Kaisers Augustus im Bereich des keltischen Volksstammes der Vindeliker.

Die geographische Lage für die Stadt Augsburg wurde durch zwei Faktoren bestimmt. Der eine war eines der ältesten Flußpaare des Alpenvorlandes: Lech und Wertach hatten sich seit Jahrtausenden in die aus den Alpen stammenden Gesteinsmassen gefressen. Die aus dieser Zangenbewegung resultierende Hochterrasse bot sich als geschützter Siedlungspunkt geradezu an. Und dann genügte ein Feldherrnblick des verantwortlichen Centurio und der Platz der künftigen Stadt Augsburg stand fest: im Dreieck zwischen den beiden Flüssen gab es im Westen und Osten jeweils eine natürliche Grenze. Damals konnte niemand schwimmen, mit militärischer Ausrüstung schon gar nicht, also war man hier sicher. Und im Süden schützte man sich zunächst durch Palisaden, später durch Mauern. Diese Stadtmauer wurde erweitert und man konnte sie im Zuge von archäologischen Grabungen an der Langen Gasse mehrfach nachweisen. Dort fand man auch die Fundamentreste eines aus dem dritten bis frühen vierten Jahrhundert stammenden Wehrturmes. Vor der 2,5 Meter dicken Mauer befand sich ein Wehrgraben.

Darüber hinaus schnitt man in der Heilig-Kreuz-Straße einen weiteren Teil der Stadtmauer und in der Nähe der Kohlergasse sogar die Fundamente des Westtores an, durch das die aus Bregenz-Kempten kommende Fernstraße in die Stadt geführt wurde.

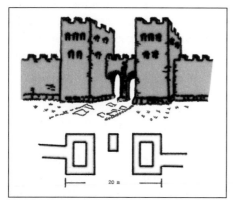

Rekonstruktionszeichnung des römischen Westtores in Augsburg

Die Grenzen der Stadt lassen sich durch weitere Gegebenheiten bestimmen. Auf Luftbildern zeichnen sich mehrere, beinahe sternförmig auf Augsburg zulaufende römische Straßenzüge ab und man konnte 1992/93 am Gänsbühl römische Holzbohlen sichern, die von einer Brücke, einer Schiffsanlegestelle oder befestigten Furt des 1. Jahrhunderts stammen. »Als römische Schiffe in Augsburg vor Anker gingen«, so stand es damals in der Augsburger Zeitung. Das Auffinden ausgedehnter Gräberfelder hilft zusätzlich bei der geographischen Fixierung des Verlaufs der Stadtgrenzen, schließlich begruben die Römer ihre Toten außerhalb der Mauern, in der Regel an einer der Straßen. So wurde man im Norden am Pfannenstiel, im Westen an der Fröhlichstraße und im Süden entlang der Via Claudia fündig.

Ob Augsburg bereits zu Beginn der Alamanneneinbrüche 223 n. Chr. heimgesucht wurde, ließ sich archäologisch bisher nicht nachweisen. Im Zug der großen Alamannenstürme in den Jahren 259 und 260 wurde Augsburg aber sicher großflächig zerstört. Und dies scheint sich 100 Jahre später nochmals wiederholt zu haben. Bis zum Zusammenbruch des Weströmischen Reiches aber blieb die Stadt, dies belegen die über das gesamte Stadtgebiet verteilten

Funde, besiedelt. Erst dann reduzierte sich der Siedlungsraum auf den südlichen Teil der ehemaligen Römerstadt, aus dem sich in der Folge die Bischofsstadt entwickelte.

In der zweiten Hälfte des 6. Jahrhunderts entstand im Süden der Römerstadt ein merowingischer Siedlungskern, aus dem später die mandelförmige Bischofsstadt hervorging. Der Verlauf ihrer Grenzen ist, sieht man einmal von der Nordgrenze ab, mit denen der Römerstadt identisch. Ein erster, enger Bereich wurde durch die Kornhausgasse, den Hohen Weg, St. Johannes bis zum Burggrafenturm und von dort zu St. Veit begrenzt. Daraus entwickelte sich später die bischöfliche Stadt, die sich westlich bis zur bischöflichen Residenz und St. Lampert erstreckte. Die Ostgrenze verlief am Hügelrand des Stadtgrabens bis zum Mauerberg, im Süden und Westen folgte sie dem Obstmarkt und Hafnerberg, im Norden zogen sich die Befestigungsanlagen von der Kohler- über die Jesuitengasse bis zum Äußeren Pfaffengäßchen hin. Nicht ohne Grund hieß dieser Straßenzug früher »Auf unserer Frauen Graben«, eine Namengebung, die auf das Patrozinium des Domes (Mariae Heimsuchung) zurückzuführen ist.

Zentrum war der unter Bischof Simpert gebaute Dom, von dem man in jüngster Zeit aufsehenerregende Fundamente freilegen konnte. Die Befestigung dieser Domburg bestand aus einer Wallaufschüttung mit hölzernen Palisaden und einem davor liegenden Wehrgraben, der im Süden an der Peutingerstraße / Hoher Weg, auf der Nordseite am Äußeren Pfaffengäßchen und in der Jesuitengasse archäologisch untersucht wurde. In der Ulrichsvita wird berichtet, daß Bischof Ulrich nach den ersten Ungarneinfällen zu Beginn des 10. Jahrhunderts die damals schon morschen Holzpalisaden durch einen steinernen Mauerring ersetzen ließ. Die damalige bischöfliche Burg besaß drei Tore: das südliche Burgtor am Schwalbeneck, an der Stelle des ehemaligen Südtores der Römerstadt, im Norden den Vorläufer des späteren Frauentores und ein Osttor, das zum Bach am Fuße der Hochterrasse hinunterführte. Seine genaue Lage ist bis heute nicht bekannt. Von der Südseite der Stadt und dem Verlauf ihrer Befestigung kann man sich noch eine relativ gute Vorstellung machen, wenn man an der Kreuzung Obstmarkt / Kesselmarkt stehend in Richtung Hl. Kreuz blickt. Das tiefer liegende »Im Thäle« stellt die Vertiefung des ehemaligen Verteidigungsgrabens dar, während der höher liegende Hafnerberg die Lage der ehemaligen Fundamente der Stadtmauer wiedergibt.

Außerhalb der Bischofsstadt entstand rund um den Perlachturm im 11./12. Jahrhundert eine Handwerkersiedlung. Vom Dom ausgehend, entwickelte sich entlang der Prozessionsstraße zum Grabmal der Hl. Afra († 304) und den Gräbern der Bischöfe Simpert und Ulrich eine Siedlung, die nach und nach mit einer Wehranlage umgeben wurde. Ein frühes Vorstadttor am Predigerberg mit der entsprechenden Siedlungslinie verdeutlicht die Ausbreitung in südliche Richtung. 1187 umfaßte der Mauerring dann die Stadt des Bischofs und der Bürger gleichermaßen. Drei Tore sicherten in der »oberen Stadt« die Befestigung: im Süden das Haunstetter und spätere Rote Tor, im Osten das Streffinger- und spätere Barfüßertor und im Westen das Gögginger Tor. Später kam noch das Schwibbogentor hinzu.

Die Gewalt über diese Tore mußte Bischof Hartmann, der letzte aus dem Mannesstamm derer von Dillingen, aus dem auch der große Bischof Ulrich stammte, 1251 in zwei Verträgen an die Bürger übergeben, ein Akt, der durch das Stadtrecht von 1276 ausdrücklich bestätigt wurde: »Es solln auch diu Tor dirre stat zu Auspurch ze allen ziten in der burger gewalt sin«, so war dort verfügt worden. 1286 erteilte der Bischof dann ungeachtet der realen Machtverhältnisse »seinen lieben Bürgern von Augsburg«, welche die Befestigungsanlagen »seiner Stadt« ausbauen wollten, die Erlaubnis, ein Torungeld zu erheben, eine Sondersteuer sozusagen.

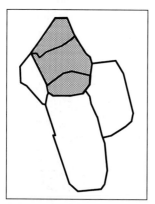

Die im Norden befindliche Römerstadt reduzierte sich auf den südlichen Teil

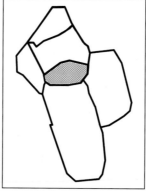

Aus ihm ging später die Bischofsstadt hervor

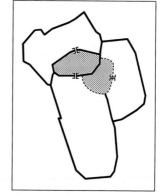

An sie schloß sich um den Perlach herum eine Handwerkersiedlung an

Nachdem Bischofs- und Bürgerstadt eine Einheit bildeten, wurde um 1300 die Südmauer der Bischofsstadt abgebrochen, zwischen 1351 und 1355 auch das südliche Burgtor. Mauerreste von der Nordseite finden sich heute noch entlang der Kohlergasse, der Jesuitengasse und des Äußeren Pfaffengässchens.

Überhaupt war das so eine Sache mit den Steuern – damals wie heute! Als Zollstellen für Ein- und Ausgangszölle galten in Augsburg die drei Kontrollstellen »an der oberen brugge« (Hochzoller Lechbrücke), »an der stravans brugge« (Barfüßerbrücke) und »an der wertach brugge«. Am 26. Juli 1282 setzte Bischof Hartmann für die Zollstation an der Wertachbrücke sogar neue Zoll-

gebühren fest, nachdem ihm berichtet worden war, daß man dort »ungerechten Zoll nehme«. Spätestens seit der Mitte des 13. Jahrhunderts wurde auf Bitten der Stadt vom Bischof als damaligem Stadtherrn das Erheben eines Ungeldes (also Steuern) zum Ausbau der Stadtbefestigung bewilligt. Dieses Recht ging später auf den deutschen Kaiser über und so gestattete Kaiser Karl IV. am 29. Juni 1360 den Bürgermeistern und dem Augsburger Rat auf zehn Jahre das Recht, Ungeld »auf Met, Wein, Bier und allerhand Getränke, die man schenke in der Stadt Augsburg«, zu erheben, damit die Stadt den Ausbau der Festungsanlagen auch finanzieren konnte. Es muß bei derartigen Festlegungen offensichtlich zu Schwierig-

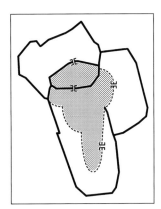 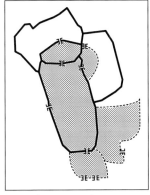 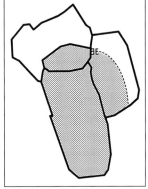

Ausbreitung Augsburgs in Richtung St. Ulrich und Afra

Lage der Vorstädte »Wagenhals« (unten) und »Auf dem Gries« (rechts)

Beginn der Entwicklung der späteren Jakobervorstadt

15

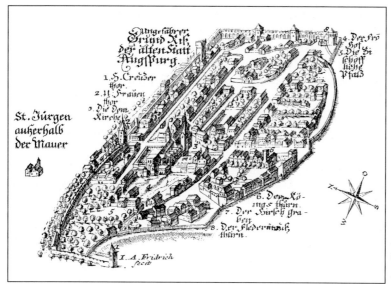

Nördliche
Grenze der
Bischofsstadt

keiten gekommen sein, denn in einem weiteren Dokument, in dem ebenfalls die Erhebung eines Ungeldes zur Finanzierung der Wehranlagen festgesetzt wurde (22. November 1363), steht zu lesen, daß derjenige, der dagegen sei, »mit Weib und Kindern aus der Stadt ziehen und zehn Jahre aus ihr ausgeschlossen« sei. So streng waren damals die Bräuche.

Gegen Ende des 13. Jahrhundert begann man damit, das damals noch außerhalb der Stadt liegende Georgs- und Kreuzviertel in die Stadtbefestigung mit einzubeziehen und so entstand die »untere Stadt«, ein Unterfangen, das nach alten Chroniken 1308 abgeschlossen war.

Dieser Teil der Stadt erhielt vier Tore: im Westen das Klinkertor, das Wertachbrucker Tor an der Nordwestecke, wo vor allem der Verkehr von Ulm und Nürnberg in die Stadt führte, das Fischertor, das seine Bezeichnung von der außerhalb liegenden Vorstadt »zu den Fischern« erhielt und schließlich das nach dem ehemals adeligen Damenstift St. Stephan benannte Stephingertor. Und damit im Osten an der abfallenden Hochterrasse nicht der Überblick verloren ging, wurde am Lueginsland ein hoher Beobachtungsturm errichtet, der freie Sicht (also luegen) ins Umland erlaubte, schließlich ging es dort in Richtung Bayern!

Die bisher bestehende Stadt entwickelte sich nun nicht nur in nördliche, sondern auch in ostwärtige Richtung weiter. Und so entstand die nach der Kirche St. Jakob benannte Jakober Vorstadt, die nach 1339 mit einem Graben und einem Palisadenzaun gesichert wurde. 100 Jahre später wurde der Graben um diesen Stadtteil vertieft, die Stadtbefestigung durch einen Mauerring mit Türmen ersetzt, in dem sich unter anderem der 1454 errichtete »Fünffingerlesturm« befand. Im Zuge dieser Ausdehnung verlor das Barfüßertor seine Funktion als Außentor, seine Aufgabe wurde vom Jakobertor übernommen.

Und an den Nahtstellen zur ursprünglichen Außenmauer entstand im Süden das Vogel-, im Norden das Oblattertor. Zwischenzeitlich hatten sich über den Zug der bestehenden Gräben im Süden und Südosten hinaus die beiden Vorstädte »Auf dem Gries« (Friedberger Straße) und »Wagenhals« (Haunstetter Straße) entwickelt. Die Bezeichnung der letzteren Vorstadt rührt möglicherweise von jenem Galgen her, der bis 1346 im Bereich der heutigen Haunstetter Straße stand. Mitte des 14. Jahrhunderts umfaßten diese beiden Vorstädte rund 340 Häuser und in ihnen wohnten etwa 540 Steuerpflichtige.

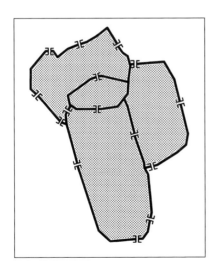

Abgschlossene Entwicklung der Stadt, ein Grundriß, der 500 Jahre Bestand hatte

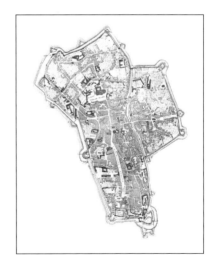

Augsburg innerhalb der Stadtgrenzen

Die Wagenhalsstraße bei der Wolfsklause erinnert noch an diese ehemalige Vorstadt. Ab 1346 brach man diese Vorstädte aus verteidigungstechnischen Gründen ab und reduzierte so den Umfang der Augsburger Altstadt auf jenen Grundriß, der sich dann fünfhundert Jahre lang nicht mehr veränderte. Der Stadtplan von Jörg Seld von 1521 zeigt eine mit über einhundert Türmen besetzte Stadtmauer, die meisten von ihnen auf der Strecke vom Roten Tor zum Gögginger Tor.

Fortschritte in der Waffentechnik waren der Grund für den erneuten Ausbau der Stadtbefestigung ab 1519. Nürnberger Festungsingenieure, die man als Sachverständige eingeladen hatte, hielten die Errichtung von zusätzlichen Bastionen für erforderlich, eine Maßnahme, die 1538 bis 1553 durchgeführt wurde. Mit dieser Verstärkung der Anlagen ging der Abriß eines großen Teils der Wehrtürme einher.

Die nächsten Veränderungen der Festungsanlagen erfolgten 1605 bis 1625 unter der Leitung des Stadtwerkmeister Elias Holl, der eine Vielzahl von Brücken und Toren umbaute, so auch 1605 das Wertachbrucker Tor. Eine während des Dreißigjährigen Krieges vom Schwedenkönig Gustav II. Adolf befohlene Modernisierung wurde zwar begonnen und rund um die Stadt beseitigte man auch alle, einem angreifenden Feind bietenden Deckungsmöglichkeiten. Das Projekt scheiterte aber an seiner Größe, dem fehlenden Personal und wie so oft im Leben auch am Geld. 1688 stellte man im Rahmen einer genauen Inspektion erhebliche Mängel durch Vernachlässigung fest, aber erst im Spanischen Erbfolgekrieg begann man mit den notwendigen Ausbesserungsarbeiten. Die aber hätte man sich sparen können, denn französisch-bayerische Kanoniere schossen vor allem den nordwestlichen Teil der Anlagen in Grund und Boden: vom Klinker- bis zum Wertachbrucker Tor blieb fast kein Stein auf dem anderen. Nach der Eroberung Augsburgs durch die Franzosen wurde die Schleifung aller Anlagen befohlen, aber entweder verstanden die französischen Ingenieure ihr Handwerk nicht richtig oder die Augsburger Anlagen waren einfach zu stark: so versuchten sie beispielsweise am 18. April 1704 vergeblich, den Backofenwall in die Luft zu jagen!

Der letzte Ausbau der Stadtbefestigung erfolgte 1732 bis 1745 und nochmals im Frühjahr 1809, nachdem sich Max I. Joseph von Bayern Napoleon gegenüber verpflichtet hatte, Augsburg zur Festung zu erheben. Da seit 1806 der bayerische König das Sagen hatte, blieben die Anlagen bis zur Aufhebung der

Festungseigenschaft am 12. Januar 1866 größtenteils erhalten.

1860 begann man im Zuge der Stadterweiterung mit der Beseitigung der ehemaligen, nun nicht mehr notwendigen Festungsanlagen, ein Teil aber blieb glücklicherweise bis heute erhalten. So unter anderem die fünf Tore (Rotes Tor, Wertachbrucker Tor, das umgebaute Fischertor, Jakobertor und das Vogeltor), Teile der Stadtmauer und Rundbastionen. Die Mauern unter anderem am Schleifgraben, an der Thommstraße, an der Herwartstraße, am Graben oder bei St. Ursula zeugen heute noch von der einst großartigen Anlage. Bei der beliebten Kahnfahrt schließlich kann man vom Boot aus in aller Ruhe einen Rest der wuchtigen, die Stadt einst schützenden Anlagen betrachten.

Der inzwischen zugeschüttete
Stadtgraben vor der Kirche St. Georg in
Richtung Wertachbrucker Tor

Zur Geschichte des Wertachbrucker Tores

Im 14. Jahrhundert bestand vor der Nordwestecke der Stadtbefestigung Augsburgs eine Brücke über die Wertach, über die der Verkehr nach Ulm und Donauwörth abgewickelt wurde. Um die vorgeschriebenen Zölle kassieren zu können, stand dort auch ein Zollhaus. An dieser Brücke wurde ein Tor errichtet, das man als »Äußeres Wertachtor« bezeichnete. Um 1370 ist der Neubau eines Torturmes mit Brücke und Zwinger für jene Stelle belegt, an der heute das Wertachbrucker Tor steht. Im Stadtplan von Jörg Seld aus dem Jahr 1521 ist der mächtige Turm mit Spitzdach in der vom Gesundbrunnen, über den Katzenstadel, Schleifgraben, Backofenwall und das Fischertor zum Lueginsland führenden Stadtmauer deutlich zu erkennen. Der Turm ragt mit seinen drei Stockwerken über die Mauer hinaus. Den wassergefüllten Graben überspannte eine Brücke mit vier gewölbten Öffnungen. Auf der Zufahrtsstraße von der Wertach her stand direkt neben dem Zugang zur Brücke ein kleines Zoll- und Wachhaus. Daß

diese Institution auch benützt wurde, dokumentiert ein Ratserlaß, der die Erhebung eines »moderaten Weeg-Geldes« (= Maut) anordnete, zur »Unterhaltung der auf allhießigem Territorio befindlichen Straßen«. Erhoben wurde dieses Geld »theils unter denen Thoren und bey der Wertach Bruck«.

In der Einteilung der Steuerbezirke taucht der Name der gesamten Anlage und des Turmes/des Tores in unterschiedlichster Weise auf. 1346 definiert

Nachzeichnung des Wertachbrucker Tores nach dem Seld-Plan von 1521

man den Bezirk 4 als »vom hailig crutzer tor gen wertachprugg«, den Bezirk 6 als »porta Wertachprugg«, während der Bezirk 8, die unmittelbare Umgebung um das Tor für die Steuererfassung »von Wertachprugg gen Sant Görgen« reichte. 1404 wird es als »porta Rotturm«, aber auch schon als »Wertachbrugger Tor« bezeichnet.

1414 änderte sich dann der Name, aus dem Roten Turm war nun ein Rotes Tor geworden, aber noch im 17. Jahrhundert ist »vom Roten jetzo Wertachbrugger Tor« die Rede. Seinen Namen erhielt das »Rote Tor« vermutlich von der farbenfrohen Bemalung, die in den Jahren 1402 und 1403 ein Meister »Chounrat« dort anbrachte.

1414 wurde die alte Brücke abgebrochen und durch eine verbesserte Konstruktion ersetzt. 1519 verstärkte man die Befestigungsanlagen zwischen Wertachbrucker- und Fischertor und im Zuge dieser Baumaßnahmen entstand die Backofen-Bastei oder der Backofenwall, so genannt wegen seiner runden, einem Backofen ähnlichen Form.

Nach einer Inspektion durch Nürnberger Festungsingenieure entschloß man sich zum Ausbau der bestehenden Anlagen, weil sie zu diesem Zeitpunkt der inzwischen verbesserten Geschütztechnik nicht mehr hätten standhalten können. Als Folge dieser Entscheidung wurden ab 1538 die Wälle modernisiert und die Gräben bewässert, so auch 1551

Das Wertachbrucker Tor um 1680, Kupferstich von Simon Grimm

21

Das Wertachbrucker Tor vor 1878

Die Pferdebahn fuhr 1889 »ums Thor herum«

der Judenwall in Richtung Wert-achbrucker Tor. Zusätzliche Bastionen sollten vor allem die kritischen Eckpunkte der Befestigungsanlagen schützen.

Bis ins 17. Jahrhundert war das Tor, ungeachtet seiner vielen »Gemähl« und trotz des enormen Verkehrs eher unbedeutend. Der Stadtwerkmeister Elias Holl berichtet in seinem Tagebuch, daß es »nider und unförmblich« gewesen sei und daß »ers drum auf des Raths Geheiß im Jahre 1605 um zwei Gaden« (= Stockwerke) erhöht habe. Die spitz-

bogige Einfahrt mit Fallgitterrost leite-te in das Stichkappengewölbe des Vortores über. Dem quadratischen Unterbau, einem zweigeschossigen Tonnengewölbe setzte Holl einen Sockel auf, erhöhte den Turm und durchbrach das Oktogon mit segmentartigen Fenstern für die Aufnahme der Geschütze. Auf das Zeltdach setzte er eine Laterne in Holzkonstruktion für die Aufnahme der Glocke und er berichtet davon, daß er »das Schlagwerckh und die Glocken zu oberst mitten des Thurns Dach in ein kleines Thürnle gericht«. Oberhalb der

Durchfahrt auf der Stadtseite befindet sich eine spitzbogige Figurennische, in der früher eine heute verschollene Madonna von Hans Reichle stand. Seit 1849 nimmt eine neugotische Marienstatue deren Platz ein. Eine kleine Steintafel darunter erinnert an den Geburtstag von Ludwig II. (25. August 1845) sowie an den Geburts- und Namenstag seines Großvaters Ludwig I. der am selben Tag des Jahres 1786 in Straßburg geboren wurde. Über der Nische befindet sich eine 1989 vom Augsburger Kunstmaler Fons Dörschung erneuerte Sonnenuhr. Das Wertachbrucker Tor war damals ein Durchgangstor, das auch für Pferdefuhrwerke geeignet war. Das Torpersonal konnte mächtige Eichentore schließen, deren schwere Zargen heute noch zu sehen sind. Darüber hinaus war das Tor mit einem Fallgitter gesichert, über dem Wassergraben lag eine Zugbrücke, die bei Gefahr jederzeit hochgezogen werden konnte.

Maßgebliche Änderungen an den Fortifikationsanlagen gab es während des 30jährigen Krieges, also in jener Zeit, als Elias Holl Stadtwerkmeister war. Bei der Belagerung Augsburgs 1632 hatte der Schwedenkönig Gustav Adolf den veralteten Zustand der Augsburger Festungsanlagen kennengelernt und folgerichtig seinem Generalquartiermeister Isaac de Traittorens befohlen, die gesamte Stadt umgehend mit einem Festungsgürtel nach niederländischem Muster zu umgeben, in dem 21 Ravelins zusätzlichen Schutz bieten sollten. Der nach seiner konfessionsbedingten Entlassung wieder ins Amt berufene Elias Holl hat an der Verstärkung der Verteidigungsanlagen entscheidend mitgewirkt. In seiner Chronik berichtet er davon, daß er wieder zu seiner »alten Werckhmeisterstelle erhoben und … von den Schwedischen Ingenieuri und Ministri zu allerhand mühsamen Fortifikationswerckhen auch stark angetrieben worden« war, so daß er »fast weder Tag noch Nacht mit Rueh gewesen«. Aufgrund der enormen Dimensionen konnte nur der östliche und der vor dem Wertachbrucker Tor gelegene Teil des Planes realisiert werden. Die Stadt hatte weder das Geld, diesen immensen Ausbau zu finanzieren, noch die notwendigen Soldaten, die Anlagen auch besetzen zu können. 1645 bis 1648 wurden daher die außerhalb liegenden, inzwischen verwahrlosten Schanzen abgebrochen – das unrühmliche Ende einer gigantischen Festung!

1636 wurde das Tor während der 19tägigen Belagerung von den Schweden beschossen und durch das »heftige Brechschießen« von jenen Leuten schwer beschädigt, die es Jahre zuvor erneuert hatten. Auch während des

Spanischen Erbfolgekrieges wurde Augsburg beschossen und die Befestigungsanlagen dabei zum Teil stark beschädigt, so auch der Backofenwall. 1704 versuchten französische Festungsingenieure vergeblich, diesen Teil der Anlage zu sprengen. Im Juni des gleichen Jahres wurde er ausgebessert, 1742 erfolgte dann ein Neubau unter Leitung des Ingenieurs-Hauptmann de Michel. Hierbei wurde am Brückenkopf auf der anderen Seite des Grabens auch ein Wachhaus mit einem Walmdach und einer fünfsäuligen Kolonnade gebaut. Das damals dem Wachhaus gegenüberliegende Torschreiberhaus wurde nicht mehr aufgebaut. 1745 wurde der Grundriß des Ravelins vom Conducteur und Feuerwerker Johannes Höfler aufgenommen und er beschreibt auf diesem Dokument, »wie es das selbe Neue anzulegen und mit einer neuen Wachtstuben und Neuen Zugbruggen versehen werden konnte«.

In der Mitte des 18. Jahrhundert wurden letztmals die Festungsanlagen ausgebaut, es entstanden neue Ravelins zwischen Gögginger- und Fischertor. Mit Aufhebung der Festungseigenschaft 1866 aber begann der Abbruch der Befestigungsanlagen, der Stadtgraben vor dem Wertachbrucker Tor und dem Backofenwall wurde um 1867 eingeebnet und dem umliegenden Geländeniveau angeglichen. Benützt man heute die Thommstraße in Richtung Oberhausen, so fährt man auf diesem zugeschütteten, ehemaligen Stadtgraben. Lediglich der Schleifgraben in Richtung Klinkertor blieb in seiner alten Form erhalten.

Im Zuge dieser Maßnahmen wurde auch die Durchgangsstraße neben das Tor verlegt, wo sie heute noch in den Katzenstadel und die Wertachbrucker-Tor-Straße führt. Diese Verkehrser-

Wertachbrucker Tor von der Stadtseite aus

weiterung führte am 1. Juni 1881 zur Einweihung einer Linie der Augsburger Pferdebahn, die von Göggingen über den Königsplatz, Perlach, vorbei am Wertachbrucker Tor nach Oberhausen in die Drentwettstraße führte. Da die Pferdebahn den Ansturm der Passagiere kaum bewältigen konnte, stellte man diese Linie am 1. September 1898 auf elektrischen Betrieb um. Aber auch da ging es nicht ohne Schwierigkeiten. Alten Berichten zufolge waren die Motoren dieser Bahn so schwach, daß stadteinwärts fahrende Gäste oft am Senkelbach aussteigen mußten und die Wagen per Muskelkraft über das Steilstück am Wertachbrucker Tor schieben »durften«, ehe sie ab der Georgenstraße wieder als normale Passagiere an der Fahrt teilnehmen konnten. Diese Probleme waren auch der Grund für die Verlegung der Strecke im Mai 1914 von der Georgen- in die Thommstraße. In die Wertachbrucker-Tor-Straße kehrte wieder beschauliche Ruhe ein.

Anläßlich der Renovierung im Jahr 1989 erhielt der Torturm seine derzeitige graue Bemalung. Wissenschaftlichen Untersuchungen zufolge soll dies die Originalfassung des Holl'schen Baus sein. 1997 begannen die privaten Aus-

Winter am Wertachbrucker Tor

bauarbeiten des Torturmes. Die Schreinerinnung unter ihrem Obermeister Schmid und die Mitgliedsfirmen des Vereins »Qualität am Bau« renovieren derzeit (1999) das Innere des Turmes. Nach Abschluß der Sanierung werden die Räume unterschiedlich genutzt (siehe hierzu letztes Kapitel: Ein alter Turm erwacht zu neuem Leben).

Alltag an Augsburger Stadttoren

Im Zuge der entstehenden Vorstädte waren die ursprünglich äußeren Tore Barfüßertor, Frauentor, Hl. Kreuzer Tor und Schwalbenecktor zu Innentoren geworden. Von diesen genannten Toren verschwand als erstes das Schwalbenecktor aus dem Stadtbild, es wurde urkundlich das letzte Mal 1351 erwähnt, innerhalb der nächsten vier Jahre wurde es abgerissen. Diesen vier innerstädtischen Toren standen zehn Außentore gegenüber, wenn man den Alten Einlaß als Durchgang und nicht als eigentliches Tor ansieht. Unter diesen Außentoren gab es wiederum vier sogenannte Hauptore, nämlich das Rote-, das Gögginger-, das Jakober- und das Wertachbrucker Tor.

Stadttore waren früher für die damals Regierenden ein Machtmittel. Dies wird deutlich, wenn man sich vor Augen hält, daß sich Bischof Hartmann von Dillingen am 9. Mai 1251 widerwillig in einer Urkunde verpflichten mußte, den Bürgern das Recht der Bewachung der Stadttore und damit die Militärgewalt zu überlassen.

Wenn beispielsweise ein Reichstag in Augsburg abgehalten wurde, war man natürlich daran interessiert, einen kontrollierbaren Zugang in die Stadt zu gewährleisten. Vertrauen war gut, Kontrolle aber auch damals schon besser. Ein Beispiel aus dem Jahr 1518 soll dies verdeutlichen. Am 27. Juni 1518 kam Kaiser Maximilian I. zu seinem letzten Reichstag nach Augsburg, der vor allem wegen der erfolglosen Disputation zwischen Martin Luther und Kardinal Cajetan in die Geschichtsbücher einging. Im Verlauf dieses Reichstages befanden sich 332 hochgestellte Persönlichkeiten in der Stadt, darüber hinaus war »soviel frembdes volk zue Augspurg, als mann sagt, daß mann auf kainem Reichstag nie gesehen hab«. Um dies einmal in Zahlen auszudrücken: Augsburg hatte damals etwa 30.000 Einwohner, mehr als die Hälfte der Stadtbewohner aber befand sich zusätzlich in der Stadt! Man kann sich lebhaft vorstellen, welch irres Gedränge in den Straßen geherrscht haben muß. Neben der Begleitung des Kaisers strömte auch eine Vielzahl von Leuten aus dem Umland in die Stadt, um Geschäfte zu machen, vielleicht auch nur, um einfach dabei zu sein, oder einmal den Kaiser aus nächster Nähe zu sehen. Dabei ließ es sich nicht verhindern, daß ein derartiges Ereignis Neugierige, Schaulustige aber auch allerhand zwielichtiges Gesindel magisch anzog. Um dieses brodelnde Chaos einigermaßen in den Griff zu bekommen, schloß man sämtliche Schranken und Tore und ordnete an, daß man die Stadt nur durch eines der vier Haupttore betreten konnte. So ließ sich eine wirksame Kontrolle ausüben. Um einen geordneten Ablauf an allen Toren sicherzustellen, gab es verschiedene Vorschriften. In der »Gewöhnlichen Oeffnung und Spörr-Ordnung der Stadt-Thor« war beispielsweise genau festgelegt, wann die Tore geöffnet und wieder geschlossen wurden. Diese Zeiten waren jahreszeitlich unterschiedlich, im Winter wurden die Tore verständlicherweise später geöffnet und dafür früher geschlossen, im Gegensatz zu den Sommermonaten. So war 1732 vorgeschrieben, daß vom 1. bis 15. Januar die Tore um 7.30 Uhr geöffnet, um 16.30 Uhr aber bereits wieder geschlossen wurden. Dieser relativ kurzen Zeit von neun Stunden stand die längste Zeit im Mai bis Juli gegenüber, wo sich bereits um 3.30 Uhr knarrend die Torflügel öffneten, während sie erst um 20.30 Uhr wieder geschlossen wurden. Fünfzig Jahre später (1780) galt diese Sperrordnung im Prinzip immer noch,

40   **Spörr-Ordnung.**

Oeffnung und Spörr-Ordnung der Stadt-Thore in Augspurg.

	Oeffnen	Spörren
Vom 1. bis 15. Januarii	7.½	4.½
Vom 16. Januar. bis 31. Jan.	7.	5.
Vom 1. bis 14. Febr.	6.½	5.½
Vom 15. Februarii bis letzten dieses	6.	6.
Vom 1. bis 15. Martii	6.	6.
Vom 16. bis letzten Martii	5.½	6.½
Vom 1. bis 15. April	5.	7.
Vom 16. bis letzten April	4.½	7.½
Vom 1. bis 15. May	4.	8.
Vom 6. bis letzten May	3.½	8.½
Vom 1. Jun. bis 15. Julii	3.	9.
Vom 16. bis 31. Julii	3.½	8.½
Vom 1. bis 15 Augusti	4.	8.
Vom 16. bis 31. Augusti	4.½	7.½
Vom 1. bis 15. September	5.	7.
Vom 16. bis 30. September	5.½	6.½
Vom 1. bis 15. October	6.	6.
Vom 16. bis letzten October	6.½	5.½
Vom 1. bis 15. November	7.	5.
Vom 16. Nov. bis letzten Decemb.	7.½	4.½

Das Gögginger und Jacober Thor bleibt offen.
Im Monat Januarii und Februarii bis 7. Uhr.
Im Monat Martii bis 8. Uhr.
Im Monat April bis 5. Uhr.
Im Mon. May, Jun. Jul. und Aug. bis 10. Uhr.
Im Monat September bis 9. Uhr.
Im Monat October bis 8. Uhr.
Im Monat November bis 7. Uhr.
Im Monat December bis 6. Uhr.

Für Einlaßgeld unter diesen 2. Thoren soll vor einer Person 4. Kr. und von einem Pferd auch 4. Kr. bezahlt werden.

Festgelegte Öffnungs- und Schließzeiten an den Stadttoren aus dem Jahr 1780

mit dem kleinen Unterschied allerdings, daß die längste Öffnungszeit im Juni und Juli nun von morgens 3 Uhr bis abends 21 Uhr dauerte, die Tore also achtzehn Stunden lang geöffnet blieben. Kam man aus irgend einem Grund nach Schließung der Tore in Augsburg an, so konnte man die Stadt zunächst nur durch das Gögginger Tor betreten: hier galten längere Öffnungszeiten, »wobey einem Hoch-Edlen und Hochweisen Rath zu verordnen beliebt hat: Daß hinkünftig das Gögginger-Thor über die obbemelte gewöhnliche Spörr-Zeit noch länger aufbehalten wird«. Wer auch die verlängerte Öffnungszeit des Gögginger Tores versäumte, dem blieb nach einer Schilderung von Paul von Stetten (aus dem Jahr 1788) nur noch

»das Nacht-Thor oder der Einlaß, der durch Maschinen, die vormals für besondere Kunstwerke gehalten worden, geöffnet und gesperrt werden kann«. Als Einlaßgeld wurde die Hälfte des sonst üblichen Geldes verlangt und – man konnte die Stadt zu diesem Zeitpunkt nur noch betreten, aber nicht mehr verlassen – »weder Frembde noch hießige« – man nahm es offensichtlich sehr genau! Aber auch damals galt: keine Regel ohne Ausnahme! Besaß man eine Sondergenehmigung »vom löblichen Burger-Meister-Ambt«, dann durfte man auch nach diesem Zeitpunkt die Stadt noch verlassen.

Da es nun nicht nur Besuch aus Spätzle-Schwaben, sondern auch aus Altbayern gab, der verspätet in Augsburg an-

Thorhueter- und Thor- schließer-Eid aus dem Augsburger Eidbuch aus dem Jahre 1583

kam, legte man in den folgenden Jahren fest, daß neben dem Göggingerauch das Jakobertor länger geöffnet blieb, im Sommer sogar bis 21 Uhr. Als Einlaßgeld an diesen beiden Toren waren pro Person vier Kreuzer zu bezahlen, für das mitgeführte Pferd war übrigens die gleiche Summe zu berappen! Für den Dienst an den Stadttoren benötigte man diverses Personal, neben den sogenannten Einlässern unter anderem auch die Torhüter und Torschließer. Während die Torhüter schwören mußten, daß sie »treulich aufsechen … und der Thorhueterordnung mit fleis nachkomen« werden, schworen die Torschließer, daß sie die »Statt Thor und gäng abens und morgens mit auf und zuschliessen, getreulich zu versorgen und dieselben niemands, der sey wer er well … zu eröffnen«. Darüber hinaus verpflichteten sie sich per Eid, »auch die schlissel yderzeit mit fleis zu verwarn«.

Bis kurz vor Aufhebung der Festungseigenschaft waren die meisten der in der Regel aus dem Mittelalter stammenden Tore noch vorhanden. 1821 war der Königliche Bayerische Kommandantur und einigen begeisterten Patrioten eingefallen, man könne ähnlich wie bei verschiedenen Straßen (Weinmarkt = Maximilianstraße, Judengasse = Karlstraße, Weißmalergasse = Karolinen-

straße) auch Tore nach königlichen Familienmitgliedern benennen. So wurde vorgeschlagen, das Gögginger Tor in Maximilianstor, das Rote Tor in Ludwigstor, das Jakobertor in Karlstor und das Wertachbrucker Tor schließlich in Karolinentor umzubenennen. Als diese Angelegenheit am 9. März 1821 in der Sitzung der Gemeindebevollmächtigten zur Sprache kam, wurde die Idee glücklicherweise verworfen und so blieben uns die alten Tornamen erhalten.

1806 hatte sich der bayerische König Max I. Joseph Napoleon gegenüber verpflichtet, Augsburg zur Festung zu erheben. Es dauerte aber mehrere Jahre, ehe am 1. Dezember 1813 auch eine entsprechende Order erteilt wurde. Nach langen Verhandlungen, die ab 1845 begannen, hob dann König Ludwig II. die Festungseigenschaft der Stadt am 12. Januar 1866 wieder auf. Als Gegenleistung verpflichtete sich die Stadt in einem Vertrag, hierfür nicht weniger als 200.000 Gulden an Bayern zu zahlen. Die Aufhebung dieser Festungseigenschaft war die notwendige Voraussetzung für die stadtplanerische und wirtschaftspolitische Weiterentwicklung der Stadt. Die unmittelbare Folge für die Stadtbefestigung und ihre Tore aber war, daß sie nacheinander abgerissen wurden. Bis auf das heute noch bestehende (1924/25 umgebaute) Fischertor existieren noch das Jakobertor, das Rote Tor, das Vogeltor und das inzwischen sanierte Wertachbrucker Tor, alle anderen ehemaligen Tore gehören leider der ruhmreichen Vergangenheit an.

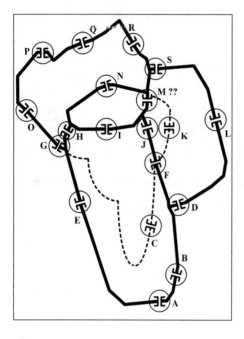

Übersicht aller ehemaliger Stadttore

Damit man sich eine Vorstellung von der Lage und den Ereignissen rund um diese Stadttore machen kann, sind nachfolgend alle ehemaligen und die heute noch existierenden Tore in einem Plan aufgeführt und entsprechend erklärt.

A: Rotes Tor (früher: Hustetter-, Haunstetter Tor)

Südliches Haupttor der Stadt, durch das der Verkehr nach Italien abgewickelt wurde. Am 2. Januar 1259 erstmals als Hustetter Tor erwähnt, wird es 1371 bis 1391 umgebaut und erweitert. 1428/29 Turmerhöhung und Bemalung mit roter Farbe (ab da: Rotes Tor), 1538 bis 1546 Erweiterung der gesamten Anlage, 1622 Abriß und Neubau durch Elias Holl, heutige Brücke 1777 errichtet. 1972 bis 1975 renoviert.

B: Schwibbogentor

(Schwibbogen = Gewölbebogen) Entstanden aus einem ursprünglichen Mauerdurchbruch beim Kloster St. Margareth, der 1322 erstmals erwähnt wird. 1369 Abbruch und Neubau als Torturm und Erweiterung der Anlage. Durch Elias Holl erneuert, 1867 schließlich abgebrochen. Erinnerungstafel am Eckhaus Schwibbogengasse / Schwibbogenmauer.

C: Früher Eingang in die Stadt am Predigerberg

D: Vogeltor

Steht seit 1374 an dieser Stelle, 1445 Abbruch und Neubau unter Bürgermeister Konrad Vögelin (Name: vom Auftraggeber oder einem im Vorgängerbau

Das Rote Tor zu Augsburg, Kupferstich von Simon Grimm um 1680

1403 bis 1409 wohnenden Vogel-
händler), um 1880 Abbruch der Zugbrücke und des Steges über den Graben. Heutiger Zustand beinahe unver-
ändert seit dem Neubau von 1445 mit
gotischem Gewölbe und Fresko. 1944
brannte der Turm völlig aus, Wiederaufbau 1954. 1966 Abbruch des west-
seitigen Toranbaus in Richtung St. Ursula.

E: Gögginger Tor
Durch dieses Tor führte einst die Straße nach Göggingen, daher der Name.

Erster Bau im 12. Jahrhundert, meist bemalt, 1327 umgebaut, 1362 bemalt, 1368
bis 1445 Erweiterungsarbeiten an der
Anlage. 1581 Turmneubau, 1605 Brük-
ken- und 1622 Turmneubau durch Elias
Holl, 1862 abgebrochen. Das Tor würde
heute mitten auf dem Königsplatz
stehen. Erinnerungstafel in der Bürger-
meister-Fischer-Straße zwischen Zentral und K&L Ruppert.

F: Barfüßertor (früher: Stravans-, Stref-
finger-, Sträffingertor)
Vermutlich gegen Ende 11. Jahrhundert

errichtet, im Stadtrecht von 1276 als Zollstelle aufgeführt, nach Anlage der Jakober Vorstadt eines der drei Innentore in der Stadt. 1376 bis 1379 Umbau und Erweiterung der Anlage, die Schlagbrücke wird später durch die Barfüßerbrücke von Elias Holl ersetzt. Als Innentor ab 1465 nicht mehr mit einem Torschließer besetzt, 1503 und nach Neubau durch Elias Holl 1611 jeweils bemalt, 1825/26 abgebrochen.

G: Alter Einlaß
1514 als Nachttor zwischen Gögginger- und Klinkertor – der Überlieferung nach auf Wunsch Kaiser Maximilian I. – gebaut und mit einem jahrhundertelang geheimgehaltenen Mechanismus

versehen. Um 1860 wird er zur offenen Passage zum westlich gelegenen Bahnhof, 1867 aber abgebrochen. An seiner Stelle steht das Stadttheater, der Straßenname vor dem Justizgebäude »Am Alten Einlaß« erinnert aber heute noch an dieses Tor.

H: Hl. Kreuzer-Tor
Ursprüngliches Nordtor der Stadt. Erste urkundliche Erwähnung 1321, nach Erweiterung der Stadtbefestigung überflüssig, eines von drei Innentoren. 1466/76 Turmerhöhung und Renovierung, 1483 Turmuhr und Glocke, 1611 Umbau und Erhöhung um zwei Stockwerke durch Elias Holl und Bemalung durch den Stadtmaler J.M. Kager. Diente zeit-

weise sogar als Gefängnis: bekanntester Insasse war Ritter Gottfried, der »Götz« von Berlichingen, der von 24. November 1528 bis 11. März 1530 hier seine Haftstrafe absaß. 1807 wurde das Tor abgebrochen. Eine Erinnerungstafel befindet sich am Pavillon Ecke Hafnerberg / Hl. Kreuz-Straße.

I: Burgtor (früher: Porta Regia [Königliches Tor], Altes Burgtor, Schwalbenecktor)
Südliches Tor der Bischofsstadt, das 1351 letztmals urkundlich erwähnt wird. Zwischen 1351 und 1355 wurde es abgerissen. Die Straßenbezeichnungen »Am Schwalbeneck« und »Hinter dem Schwalbeneck« erinnern noch an dieses Tor.

J: Bleichertor (früher: Plaicher-, Neidbad-, Neubad-, Walkertor)
Ursprünglich ein Nordtor der Jakobervorstadt, als diese noch nicht ihre spätere Ausdehnung erreicht hatte. Da man früher durch dieses Tor zu »den Bleichen« hinausging, führte dies zu seiner Bezeichnung. Der sich daran anschließende Steuerbezirk 18 wurde »unter den Wöschen« genannt und befand sich ostwärts des unteren Grabens. 1465 bestimmte der Rat, daß dieses Tor nicht mehr geschlossen wird. Auf dem Seld- (1521) und dem Rogel-Plan (1560) noch

als Tor eingezeichnet, existiert dagegen auf dem Kilianplan an dieser Stelle nur noch der »neue untere Gang«, der mit einer Pforte / Türe abgeschlossen ist.

K: Vorstadttor aus dem 11. Jahrhundert

L: Jakobertor (früher: Lechhauser-, Äußeres oder Porta Nova / Neues Tor)
Erster Vorgängerbau 1249 nachweisbar, als sich die Jakobervorstadt entwickelte. Wichtigstes Osttor der Stadt in Richtung Bayern, 1346 erstmals urkundlich erwähnt. 1370 bis 1372 Bau einer Brücke, 1458 bis 1462 Bau eines Vorwerks und eines Fallgitters. 1540 Anlage einer Bastion. 1745 Neubau der Zugbrücke. Ein 1876 vorgesehener Beschluß, das Tor abzureißen, wurde nach Protesten der Bevölkerung wieder zurückgenommen. Ursprünglich war das Jakobertor verputzt. Erst nach Abfallen des Mörtels um 1820 entdeckte man an der Stadtseite des Tores die eingemauerten römischen Spolien mit Inschrift. Nach schweren Zerstörungen im Zweiten Weltkrieg wurde das Tor bis 1955 im Aussehen von 1458 wiederhergestellt. Die Tordurchfahrt mit dem gotischen Blendfries und dem leider arg verrußten Steinbild des Kaisers Sigismund (1368 bis 1437) sind ebenso original wie die Außenmauer. Am 24. April 1632

betrat durch dieses Tor der Schwedenkönig Gustav Adolf die Freie Reichsstadt.

M: Osttor der Bischofsstadt

In der Ulrichsvita wird ein Osttor der
Bischofsstadt erwähnt, seine genaue
Lage aber ist bis heute unbekannt.

N: Frauentor

Nordtor der Bischofsstadt,
dessen Name vom Patrozi-
nium des Domes (Mariae
Heimsuchung) abgeleitet
wurde. 1145 erstmals er-
wähnt, 1246/47 Errichtung
des Torturmes. Ab 1447
nicht mehr verschlossen.
Mehrfache Umbauten im
15. und 17. Jahrhundert
und wiederholte Bemalun-
gen durch Kaltenhofer, Apt,
und den Stadtmaler Mat-
thias Kager. 1885 aus verkehrsplanerischen Gründen trotz Bürgerprotesten
abgebrochen. Erinnerungstafel am
Haus Frauentorstraße 9, oberhalb eines
noch vorhandenen Literaschildes D 107!

O: Klinkertor (früher: Rosenau-,
Sluderlins-, Klenkertor)
1358 erstmals erwähnt, 1374/75 mit einer Schlagbrücke versehen, 1405 und
1454 jeweils Brückenneubau. Im 15.

Jahrhundert hatte der städtische Korn-
messer hier seine Dienstwohnung, daher auch die Bezeichnung »Korn-
messers Turm«. 1608 durch Elias Holl
grundlegend erneuert, im Spanischen
Erbfolgekrieg fast völlig zerstört, 1703
wieder aufgebaut, um 1736 vom
Freskanten J.E. Holzer mit einer ecce-

*Das Klinkertor zu Augsburg, Kupferstich
von Simon Grimm um 1680*

homo-Darstellung versehen, 1874 aber
abgebrochen. Eine Erinnerungstafel am
Eckhaus Klinkertorstraße / Volkart-
straße erwähnt die Lage dieses Tores.

P: Wertachbrucker Tor (früher: Roter
Turm, dann Rotes Tor)
Zur bestehenden Wertachbrücke, an der
sich auch eine Zollstelle befand, wurde

1363 das erste Wertachbrucker Tor gebaut. Bis 1404 als Roter Turm, dann Rotes Tor, ab 1436 gleichzeitig auch als Wertachbrucker Tor bezeichnet. 1605 vollständiger Umbau und Erhöhung um zwei Geschosse durch Elias Holl. Ein kurzes Stück der alten Stadtmauer ostwärts davon (Backofenwall) ist noch erhalten. Um 1875 Aufschüttung des Stadtgrabens vor dem Tor, 1988/89 Instandsetzung. Letzte Sanierung 1999. Im Jahr 1500 betrat Bianca Maria Sforza, die zweite Gemahlin Kaiser Maximilians I. durch dieses Tor die Stadt, 1518 folgte Martin Luther.

Als am 10. Oktober 1805 Napoleon höchstpersönlich an dieser Stelle die Stadt betrat, war es um die herrliche Zeit der Freien Reichsstadt Augsburg geschehen.

Q: Fischertor (früher: Burgfeld-, Lorhubentor)

Durch dieses Tor führte der Weg zur Vorstadt »unter den Fischern«, 1328/29 erstmals erwähnt, um 1375 erweitert und mit einer Brücke versehen, 1399 Neubau. 1414 Abbruch der Holzbrücke, 1454 Bau einer Steinbrücke. 1609 mit einem Torturm versehen, im Spanischen Erbfolgekrieg völlig zerstört, 1736 wurde der Durchgang zugemauert. Der jetziger Torbogen wurde 1924/25 errichtet und hat vom Aussehen her mit dem alten Fischertor nichts mehr gemeinsam. Eine Erinnerungstafel befindet sich oberhalb der Durchfahrt.

R: Stephingertor (früher: Gallus-, St. Gallentor)

Am Fuß des Stephinger Berges/des Stephinger Grabens und in der Nähe der Kirchen St. Gallus/St. Stephan gelegen, wird dieses Tor bereits 1367 erwähnt. 1388 mit einer Brücke, 1495 mit steilem Pyramidendach versehen. 1619 abgebrochen, 1620 durch Elias Holl aber wieder neu aufgebaut. Im Spanischen Erbfolgekrieg 1703 teilweise zerstört, wurde 1704 erst der Turm abgebrochen, aus verkehrsplanerischen Gründen 1880 dann auch das Vortor geschleift.

S: Oblattertor

Das Nordtor der Jakober Vorstadt, an der heutigen Bert-Brecht-Straße/Kanalstraße gelegen, wird seit 1449 als Oblattertor bezeichnet, wobei die Frage, ob der Name auf das in der Nähe befindliche Blatternhaus oder auf den 1452 bis 1496 hier nachweisbaren Pulvermacher Ulrich Oblatter zurückzuführen ist, bis heute nicht beantwortet werden kann. Umbau des Turmes und Ausbau der Bastion 1625, 1867 abgebrochen. Reste der ehemaligen Nordbefestigung der Jakober Vorstadt sind noch bei der Kahnfahrt erhalten.

Berühmte Besucher die das Thor passierten

Ein Besuch der Königin und sein abruptes Ende

Der spätere Kaiser Maximilian I. hatte nach dem frühen Tod seiner ersten Frau, Maria von Burgund, mit der er fünf glückliche Jahre verbringen durfte, zwölf Jahre später ein zweites Mal geheiratet. Im Gegensatz zur ersten Ehe, die zwar habsburgisch-geschickt einge-

Maria Sforza, die Tochter des Herzogs von Mailand, war eine Neureiche – und gerade dies zählte für den Habsburger. Ungeachtet dessen bemühte sich seine zweite Frau um ihn und begleitete ihn auch auf mehreren seiner zahlreichen und strapaziösen Reisen. So auch, als

Kaiser Maximilian mit seinen beiden Frauen, Sandsteinrelief vom Goldenen Dachl in Innsbruck

fädelt worden war, sich im Nachhinein aber als wahre Liebesverbindung herausstellte, erwies sich die zweite Verbindung als reine Vernunftsehe. Bianca

sie zum sechs Monate dauernden Reichstag 1500 nach Augsburg kam. Die Königin traf von Norden her kommend in Augsburg am Wertachbrucker Tor an und betrat hier die Stadt. Natürlich wurde sie standesgemäß empfangen. Von den weltlichen Honoratioren ritten ihr entgegen »alle fürsten, herren, Legaten, prelaten und Botschafften, die auf dem Reichstag sind gewesen«. Da sie nach mittelalterlichem Denken als sakrale Gestalt angesehen wurde, ließen es sich natürlich auch die Vertreter der Geistlichkeit nicht nehmen und sie sind mit »aller priesterschafft und mit dem hayligthum ir entgegen gangen mit einer proceß«.

Daß die Königin mit prunkvollem Gefolge in Augsburg ankam, versteht sich von selbst. Ihr voraus ritten mehrere Herzöge, darunter Albrecht von Bayern. An ihrer Seite sah man den Erzbischof von Mainz und Kardinal Matthäus Lang. Dahinter, selbstverständlich mit gebührendem Abstand, »18 Junckfrawen auf weyssen pferden«, ein weiterer Wagen mit Edlen Frauen und natürlich durften weder ihre Kleinodien noch die Hofdamen fehlen.

Am Dom angekommen, stieg die Königin vom Pferd und ließ sich in die Kathedrale geleiten, wo sie von Bischof Friedrich von Zollern, dem Weihbischof und dem Abt von St. Ulrich und Afra empfangen wurde. Nach der Zeremonie begab sich die Königin in ihr Quartier in die Dompropstei, dem Haus von Matthäus Lang im Pfaffengäßchen

Bianca Maria Sforza, die zweite Gemahlin von Kaiser Maximilian I.

(heute: Dom-Hotel). Dort findet man auf einer Steintafel den Hinweis, daß Maximilian und seine Frau hier zu wohnen pflegten.

Bianca nahm regen Anteil an den politischen Aktivitäten ihres Mannes, wobei sich die Grenze zwischen gut gemeintem Vorschlag und Einmischung immer mehr verschwischte.

Als sie sich während dieses Reichstages

einsetzte, platze Maximilian der Kragen und er warf seine Frau und ihr gesamtes Gefolge kurzerhand aus der Stadt.

»Mit wainetten Augen« habe die Königin Augsburg verlassen, so berichtet ein Chronist!

Der Kaiser in der unteren Stadt

Aus der langen Reihe der Könige und Kaiser, welche die Augsburger Stadtgeschichte ganz besonders prägten, ragt einer unbestritten hervor. Kaiser Maximilian I., den man scherzhafterweise auch als »Bürgermeister von Augsburg« bezeichnet hat.

Während seiner Aufenthalte in Augsburg weilte der Kaiser offiziell als Gast des Bischofs in dessen bischöflicher Pfalz, obwohl er nur wenige Meter davon entfernt ein eigenes Haus besaß: durch Vermittlung seines Rates Dr. Conrad Peutinger kaufte er am 26. April 1501 für 800 fl von Ludwig Meuting dessen Haus vor dem Kreuzertor (F 386). Als Erinnerung findet man am Erker des 1898 an dieser Stelle gebauten Hauses neben den Portraits von Götz von Berlichingen und dem Kaiserlichen Rat Cunz von der Rosen natürlich den Kaiser höchstpersönlich. Von hier aus konnte er seiner Jagdleidenschaft nachgehen. Maximilian war ein ambitionierter Jäger, dabei betrachtete er aber die

Kaiser Maximilian, der »Bürgermeister von Augsburg«

Jagd nicht nur als Teil der höfischen Repräsentation, sondern er war, wie es im Weißkunig heißt, ein Jäger »aus sei-

38

ner angeborn natur und kuniglichem gemuet«. Orientierte er sich zum Jagen in die westlichen Wälder, so verließ er die Stadt durch das Klinker- oder Gögginger Tor. War er dabei länger als vorgesehen auf der Pirsch, konnte er in Wellenburg übernachten, dem Schloß seines Augsburger Günstlings Kardinal Matthäus Lang, das ihm als Jagdschloß jederzeit zur Verfügung stand. Wollte er aber trotz vorgerückter Stunde in seinem eigenen Bett schlafen, so brauchte er nicht zu befürchten, vor verschlossenen Stadttoren stehen zu müssen. Schließlich hatten sich die Stadtväter bei seiner unmißverständlichen Frage »Nachttor – oder Ärger mit dem Kaiser?« anno 1514 mannhaft für den Alten Einlaß entschlossen.

Orientierte sich der Kaiser dagegen in Richtung Norden, so verließ er die Stadt am Thorbräu vorbei durch das Wertachbrucker Tor. Und dies kam ziemlich oft vor, schließlich besaß er in der Nähe der Wertachbrücke eine Falknerei, um hohen und noblen Gästen dieses wahrlich kaiserliche, weil entsprechend teure Vergnügen bieten zu können. Wir wissen darüber, weil Conrad Peutinger, der in seinem Auftrag den Bau von Brutkästen zu überwachen hatte, ihm am 17. November 1510 von Verzögerungen aufgrund von Konstruktionsmängeln nach Innsbruck berichtet.

Nicht weit davon entfernt, bei St. Wolfgang besaß Maximilian ein eigenes Reiherhaus, in dem die zur Beizjagd erforderlichen Vögel gehalten wurden. Diese St. Wolfgang-Kapelle, 1472 gegen den Widerstand des Propstes von St. Georg gebaut, wurde 1543 abgerissen, 1568 und 1613 von den Protestanten wieder aufgebaut. Auf dem Kilianplan von 1626 ist sie in der Legende unter »Evangelische Kirchen« aufgeführt. Am äußersten rechten Rand von Blatt 4 des Planes ist die Kapelle zu finden.

Daß der Kaiser wirklich ein Mann von Welt war, belegt folgendes Ereignis. Nachdem er im Herbst 1503 mit seinem Gefolge die Stadt wieder einmal durch das Wertachbrucker Tor verlassen hatte, begab man sich auf die Jagd ins Revier bei Wertingen. Dort fingen er und seine fleißige Gesellschaft nicht weniger als 34 Wildschweine! Die Beute wurde aber nicht – wie sonst – erlegt und in festlichem Rahmen verspeist. Nein, man trieb die Tiere nach Augsburg durchs Tor am Thorbräu vorbei in die Stadt, wo der Kaiser die Wildschweine gönnerhaft an die anwesenden Adeligen und Augsburger Patrizier verschenkte. Ja, so war er, »unser« Kaiser und diese Großzügigkeit trug maßgeblich dazu bei, daß der Habsburger uns heute noch mehr im Bewußtsein ist als jeder andere König oder Kaiser.

Der Reformator mit dem Hammer

Gleich zweimal war Martin Luther in der Stadt: 1511 und 1518, dann aber nie mehr. Die erste Reise unternahm er im Auftrag seines Augustiner-Eremiten-

Löste mit seinen Thesen die Reformation aus: Martin Luther

Ordens im Oktober 1510. Der Ordensgeneral Egidio Canisio von Viterbo schickte Luther als Begleiter des Erfur-ter Paters Dr. Nathin nach Rom. Die Reise begann in Erfurt und führte über Nürnberg, Ulm, Ravensburg nach Lindau und über die Schweiz nach Rom. Der Grund für den langen Fußmarsch waren ordensinterne Diskrepanzen, die in der Heiligen Stadt geklärt werden sollten. Die Verhandlungen verliefen bürokratisch langsam und zunächst ohne Ergebnis. Und als der Ordensgeneral im Januar 1511 entschied, daß an den Papst zu appellieren »den Deutschen auf Grund der Gesetze verboten« sei, war die offizielle Mission der beiden beendet. Sie machten sich Anfang Februar auf den Rückweg, ab Bologna über die kürzere Route Verona, Bozen, Brennerpaß, Innsbruck und Augsburg. Da sie von Süden kamen, betraten sie durch das Rote Tor die Stadt. Während dieses kurzen Besuches traf Luther auch mit der später als Betrügerin entlarvten und in Fribourg in der Schweiz ertränkten »Wunderheilerin« Anna Laminit zusammen, die gegenüber von Hl. Kreuz wohnte. Diese gab vor, ausschließlich von der täglichen Kommunion zu leben. Bei den Zeitgenossen galten die Vorgänge um sie schon als Wunder, selbst Kaiser Maximilian hatte »selber vil glaubens an sie«. Luther aber soll die

Laminit ermahnt haben: »…schau nur, daß es recht zugehe«, ehe er sich auf die Weiterreise machte, Anfang April 1511 kam er wieder in Erfurt an.

Der Auslöser für die zweite Reise waren seine berühmten 95 Thesen gegen das Unwesen des Ablaßhandels, die er zunächst zwei Briefen an die Bischöfe von Mainz und Magdeburg beilegte, die sich gegen die Ablaßpredigten des Dominikaners Johann Tetzel richteten. Da sie für Theologen bestimmt waren, erschienen sie in lateinischer Sprache. In seiner Vorrede zum zweiten Band der lateinischen Schriften Luthers schrieb 1546 Melanchthon: »Und diese schlug er öffentlich an die Kirche, welche an das Schloß zu Wittenberg stößt, am Tage vor dem Fest aller Heiligen im Jahre 1517.« Dieser Thesenanschlag löste einen Ketzerprozeß aus, am 7. August 1518 erreichte Luther in Wittenberg die Vorladung, er habe innerhalb von sechzig Tagen in Rom zu erscheinen. Luthers Landesfürst Kurfürst Friedrich der Weise von Sachsen konnte jedoch erreichen, daß Luther nach Augsburg kommen sollte, um sich von Kardinal Cajetan verhören zu lassen.

AVE LUTHERE.

Æstimat AUGUSTÆ magni pars magna LUTHERUM.
In Augspurg sind sehr viel die Luthern æstimiren
als eine großen Man, doch nicht Canonisire.

Augsburger Bürger huldigen Martin Luther, Festpostkarte zur Confessio Augustana, Stich von G. Bodenehr (1730)

Luther verließ Wittenberg am 26. September und machte sich der Ordensregel entsprechend zu Fuß auf die etwa 550 km lange Strecke. Dabei war seine Stimmung verständlicherweise nicht die beste: »Und ich stellte mir den schon für mich bereiteten Scheiterhaufen vor«, so berichtete er später von dieser Reise. Am 5. Oktober kamen Luther und seine Begleiter in Nürnberg an, ein früherer Studiengefährte besorgte ihm eine bessere Kutte, damit er nicht in seinem abgeschabten Gewand vor dem Kardinal erscheinen müsse. Tags darauf machten sie sich auf die Weiterreise. Einmal übernachteten sie noch, dann kamen sie »am Tag des hl. Markus (7. Oktober) nach Augsburg. Wir erreichten es ermüdet, und ich durch den Weg fast am Ende, erschöpft durch eine schwere Magenverstimmung.« Aus diesem Grund hatten sie für die letzten 20 km auch einen Wagen benützt.

Mit einem Bauernfuhrwerk also kam der Mönch in Augsburg an, fuhr durch das Wertachbrucker Tor und begab sich zum Annakloster, wo ihm Prior Frosch eine Aufenthaltsmöglichkeit bot. Dort bereitete sich Luther auf das Verhör vor und nachdem er im Besitz von kaiserlichen und städtischen Schutzbriefen war, begab er sich zu Kardinal Cajetan in den Stadtpalast der Fugger am Weinmarkt. Die drei Begegnungen zwischen den beiden Kontrahenten (12. bis 14. Oktober) verliefen ergebnislos, Luther verweigerte den geforderten Widerruf und damit bestand die Gefahr, daß man ihn verhaften würde. Um dieser drohenden Gefangennahme zu entgehen, verließ er in der Nacht vom 20. auf den 21. Oktober 1518 die Stadt.

Nördlich von St. Gallus wird mit zwei Gedenktafeln darauf hingewiesen, daß Luther hier die Stadt verlassen haben soll. Im Stadtarchiv aber befindet sich ein Dokument, das besagt, daß Luther durch das Klinkertor der Stadt den Rücken gekehrt habe.

Mit Luthers Aufenthalt 1518 in Augsburg beginnt die Reformation. Die päpstliche Bannandrohungsbulle beantwortet der Mönch auf seine Weise: er verbrennt das Dokument in aller Öffentlichkeit!

Diesem formalen Bruch folgt prompt der Ausschluß aus der Kirche. Als Luther selbst vor Kaiser Karl V. auf dem Wormser Reichstag seine Thesen nicht zurücknimmt, ist die Reformation nicht mehr aufzuhalten.

Mit der auf dem Reichstag 1530 in Augsburg verlesenen, von Melanchthon verfaßten Confessio Augustana nimmt die Geschichte der protestantischen Kirche ihren Lauf. Begonnen aber hatte alles mit Luthers Aufenthalt im Oktober 1518.

Sie wäre besser in Augsburg geblieben

Als Kaiserin Maria Theresia am 2. Januar 1755 ihre letzte Tochter Maria Antonia zur Welt brachte, ahnte sich wohl nicht, daß das Nesthäkchen, ungeachtet seines königlichen Standes, am 16. Oktober 1793 unter der Guillotine enden würde.

Die künftige Königin von Frankreich: Marie Antoinette

Maria Theresia wollte ihrer Tochter »die schönste Krone der Welt« verschaffen und hoffte, durch eine Heirat Marie Antoinettes mit dem französischen Kronprinz das 1756 geschlossene Bündnis zwischen Versailles und Wien festigen zu können. Auf ihrer Brautreise von Wien nach Paris machte die Erzherzogin auch in Augsburg Station, wo sie am 28. April 1770 um 16 Uhr eintraf. Natürlich ließ es sich der Rat nicht nehmen, dem hohen Gast als Geschenk ein vergoldetes Reiseservice zu überreichen, schließlich gab es in der Stadt exzellente Gold- und Silberschmiede. Nach einem arrangierten Besuchsprogramm freute sich Marie Antoinette auf den Abend: sie war nämlich vom Bankier Benedikt Adam Liebert von Liebenhofen als Ehrengast zur feierlichen Einweihung des Festsaales seines Stadtpalais gebeten werden, jenem heute noch im Original erhaltenen Prachtbau, der als der bedeutendste Profanbau des Rokoko in Augsburg gilt.

Nachdem die Prinzessin drei Menuette getanzt hatte, ließ sie sich von reichen Frauen Alt-Augsburger Trachten vorführen. Begeistert notierte der Hausherr über seinen hohen Gast: »Wie huldreich und gnädig diese ansich sehr schöne, an Haut und Fleisch ungemein zarte 14 ½jährige Prinzessin sich gegen jedermann erwies, vermag ich nicht zu beschreiben«. Als Gast von Fürstbischof Clemens Wenzeslaus übernachtete Marie Antoinette im bischöflichen Palais, ehe sie am nächsten Tag nach der Frühmesse zur Weiterreise aufbrach, nicht ohne vorher noch in Hl. Kreuz ein stilles Gebet gesprochen zu haben.

Als der Brautzug vor dem Wertachbrucker Tor anhalten mußte, weil ein Pferd gestürzt war, überreichte die kleine Tochter des damaligen Thorbräu-Wirtes Schlumberger der Prinzessin einen Strauß Frühlingsblumen. Die künftige Königin revanchierte sich und schenkte dem Mädchen ein Spitzentaschentuch, mit dem sie vorher den Augsburgern huldvoll zugewunken hatte. Unter einem Glassturz verborgen, wurde dieses Tuch, auf dem sowohl das Habsburger Wappen als auch der Name Marie Antoinette Josepha Jeanne eingestickt war, lange als besondere Erinnerung in der Brauerei aufbewahrt.

Napoleon und das Ende der Freien Reichsstadt

Als König Rudolf I. von Habsburg den Augsburger Bürgern am 9. März 1276 das Anlegen eines Stadtrechtsbuches gestattete, war dies der entscheidende Schritt zur Lösung von der bis zu diesem Zeitpunkt herrschenden Geistlichkeit. Oberster Stadtherr war damit nicht mehr der Bischof, sondern der Deutsche König und Kaiser. Das Privileg von Ludwig IV. vom 9. Januar 1316 bestätigte die Freiheit der Stadt Augsburg und damit begann der kometenhafte Aufstieg zur Weltstadt.

Diese glanzvolle, 500 Jahre andauernde Epoche endete vor 200 Jahren abrupt im Zuge der napoleonischen Koalitionskriege. Die Mediatisierung, also die Unterwerfung der bisher reichsunmittelbaren Stände und Städte unter die Landeshoheit war eine Folge des sogenannten Reichsdeputationshauptschlusses (25. Februar 1803), der nach einem detaillierten Plan festlegte, in welchem Umfang diejenigen Fürsten entschädigt werden sollten, die am Ende des Zweiten Koalitionskrieges westlich des Rheins Gebietsverluste erlitten hatten. Augsburg gelang es zunächst noch, seine Reichsunmittelbarkeit zu bewahren. So versuchte man unter anderem mit erheblichen Bestechungsgeldern (50.000 bis 60.000 fl!)

Übergab Augsburg an Bayern: Kaiser Napoleon I.

die Franzosen davon abhalten zu können, den bisherigen Status der Stadt am Lech zu verändern. Nach dem Sieg der französisch-bayerischen Allianz aber war das Geld weg und das Schicksal der Freien Reichsstadt trotzdem besiegelt. Obwohl der Stadtrat zweisprachige Schilder rund um die Stadt aufstellen ließ, auf denen zu lesen war, daß es sich hier um »Reichsstadt-Augsburgisches Neutrales Gebiet – Pays neutre de la Ville Imperiale d'Augsbourg« handle und ohne Rücksicht auf die vorher zugesicherte Neutralität marschierten am 9. Oktober 1805 über 30.000 Franzosen in die Stadt ein, die unter den enormen Quartierlasten fast zusammenbrach. Als einen Tag später der Chef höchstpersönlich, Kaiser Napoleon I. durch das Wertachbrucker Tor in die Stadt einritt, wußte jeder, was nun die Stunde geschlagen hatte. Dieser Einzug des französischen Kaisers ist übrigens auf der Vendôme-Säule in Paris dargestellt. Napoleon beklagte sich über das schlechte Straßenpflaster, versprach den Stadtvätern vielleicht auch aus diesem Grund, daß er nicht lange zu bleiben beabsichtige und verließ tatsächlich zwei Tage später mit seinen Truppen wieder die Stadt. Nicht, ohne nach der Kapitulation der österreichischen Donauarmee vor Ulm am 22. Oktober ein zweites Mal in Augsburg zu erscheinen und diesmal wurde es ernst. Der Kaiser teilte den Ratsabgeordneten lakonisch das Ende der Zeit als Freie Reichsstadt mit.

Den nachfolgenden Ereignissen hatten die resignierenden Stadtväter nichts entgegenzusetzen. Das auf französischer Seite stehende Bayern sicherte sich im Brünner Vertrag am 9. Dezember 1805 die Einverleibung Augsburgs. Bereits einige Tage vor Ratifizierung des

Vertrags von Preßburg nahm Bayern die Stadt am 21. Dezember 1805 militärisch in Besitz. Bereits am 9. Februar 1806 reisten die Sprecher der Augsburger Kaufleute nach München, um dem neuen Souverän »die tiefste Ehrerbietung« zu überbringen.

Am 4. März 1806 folgte die Besitznahme durch die Krone Bayerns: die Reichsstadt Augsburg wurde vom französischen Stadtkommandanten General René auf dem Fronhof an den bayerischen Übernahmekommissar Freiherr von Mertz übergeben. Am gleichen Tag versammelten sich die Mitglieder des Magistrats, des Stadtgerichtes und die höheren Beamten, um auf den neuen Souverän vereidigt zu werden.

Als Folge davon trat am 1. Juli 1806 das reichsstädtische Regiment zurück, die Amtsgeschäfte wurden ab diesem Zeitpunkt kommissarisch von einem königlich-bayerischen Stadtmagistrat übernommen. Der Verlust der Eigenständigkeit als Reichsstadt und die Eingliederung in das neu entstehende Königreich Bayern war ein schwerwiegender Einschnitt in der Geschichte der Stadt Augsburg.

Als man zum Entsetzen der Bürger dann auch noch den bronzenen Reichsadler aus dem Westgiebel des Rathauses herausbrach, war es offenkundig: die glanzvolle Zeit der Freien Reichsstadt Augsburg war ein für allemal vorbei!

Napoleons Einzug durch das Wertachbrucker Tor von der Vendôme-Säule in Paris

Von alten Plätzen und Straßennamen

Im Georgs- und Kreuzviertel (Stadtbezirk 4) gibt es einige Straßennamen, die auf den ersten Blick interessant anmuten, aber deshalb nicht unbedingt leicht zu erklären sind. Man muß sicherlich nicht lange überlegen, um zu der Vermutung zu kommen, daß die Georgenstraße wahrscheinlich nach der Kirche St. Georg benannt ist. Daß die Klinkertorstraße etwas mit dem ehemaligen Klinkertor zu tun haben könnte, leuchtet auch noch ein. Es ist auch wahrscheinlich, daß das Doktorgäßchen auf einen Mediziner Bezug nimmt, wenngleich die Frage, welcher »Mann in weiß« damit gemeint sein könnte, schon schwieriger zu beantworten sein dürfte. Aber Hand aufs Herz: woher kommen eigentlich die Bezeichnungen Gesundbrunnenstraße, am Backofenwall oder am Katzenstadel?

Um diese teilweise historischen Namen einmal zu hinterfragen und ihre Bedeutung zu erklären, sind in alphabetischer Reihenfolge die wichtigsten Straßenbezeichnungen dieses Stadtviertels aufgeführt und ihre Bedeutung erklärt, damit man einem Besucher während einer Stadtführung auch sagen kann, warum man im Schleifgraben schon immer Schlittschuh lief.

St. Georg an der Ecke
Auf dem Kreuz / Alte Gasse

47

Das »**Alte Kautzengäßchen**« soll der Überlieferung nach auf das Wappentier der hier im 13. Jahrhundert nachgewiesenen Familie Eulentaler zurückgehen, die in ihrem Wappen einen aufrecht stehenden Kauz führten. Durch eine Heirat übernahm 1348 die Familie Herwart den Kauz in ihr Wappen, nachdem zwei Jahre zuvor die Eulentalers im Mannesstamm ausgestorben waren. Das Gäßchen war früher eine Sackgasse, so ist es im Plan der Königlichen Kreis-Hauptstadt noch eingezeichnet, ehe es Ende des vergangenen Jahrhundert zur Durchgangsstraße umgestaltet wurde.

Das »**Alte Zeughausgäßchen**« ist nach dem alten, 1501 gebauten Zeughaus benannt, das sich zwischen Katzenstadel und Judenwall befand und der Reichsstadt als Arsenal diente. Auf dem Kilianplan von 1626 ist es unter der Nummer 259 als »Alt Zeighaus« auch deutlich auszumachen. Nach den Unruhen des Kalenderstreites ließ der Rat das Kornhaus hinter der Moritzkirche in ein Zeughaus umwandeln. Und da es nun zwei Zeughäuser in der Stadt gab, war das hinter der Moritzkirche befindliche das »obere« Zeughaus, während das im Georgsviertel liegende logischerweise als das »untere« Zeughaus bezeichnet wurde. Auf dem »Seutter-Plan« von 1730 ist es nur noch als »das untere zeug-haus ruin« angegeben. Bis Ende des 18. Jahrhundert wurde es seines weiten Hofraumes wegen als Schauplatz für Kunstreiter, Tierhatzen und Feuerwerke benützt, ehe es 1809 einer erneuten militärischen Verwendung unter der Lit. F 143a/b zugeführt wurde: die Bayerisch-Königliche Garnisonsbäckerei heizte dort ihre Öfen ein, dann wurde es als Remise und Wagenstallung benützt, ehe es als Gefängnis verwendet wurde. 1944 schließlich wurde es ein Opfer der Bomben und ist seither vom Erdboden verschwunden.

Die 1519 erbaute Bastei ostwärts des Wertachbrucker Tores wurde ihrer runden, einem Backofen ähnlichen Form wegen als **Backofenwall** bezeichnet. Im Spanischen Erbfolgekrieg versuchten französische Ingenieure am 18. April 1704 vergeblich, das stabile Bauwerk zu sprengen. »Die Pastey nebst dem Wertachbrugger Thor zu Augspurg, der Bakofen genannt, wird von denen Franzosen minirt, auch mit holtz unterlegt, und theils angezündt, theils durch gemachte Mine gesprengt«, so liest man auf einer Radierung von Georg Philipp Rugendas, die dieses Ereignis darstellt. Im Juni desgleichen Jahres wurde die Bastei wieder aufgebaut, 1742 erfolgte ein Neubau. Die von dieser Bastei in Richtung Wertachbrucker Tor laufende Mauer war zunächst der Namensgeber für die Bezeichnung »an der Mauer«, der später die genauere Bezeichnung »gegen den ehemaligen Backofenwall« folgte. Der heutige Straßenname »**Am**

Am Backofenwall

Backofenwall« wurde 1879 festgelegt. Vom Wertachbrucker Tor führte das Gäßchen früher um den Karpfengarten herum und ging dann in die Fischermauer über, die zum gleichnamigen Tor führt. Obwohl die Straßenbezeichnung auf das Aussehen der ehemaligen Bastei zurückzuführen ist, ist es interessant, daß in der Wertachbrucker-Tor-Straße seit 1579 nicht weniger als 43 Bäcker nachzuweisen sind. Ein deutlicher Hinweis auf dieses Handwerk findet sich noch heute am Haus Wertachbrucker-Tor-Straße Nr. 14: allein in diesem Gebäude gingen seit 1900 drei Bäcker ihrem duftenden Handwerk nach und daher befindet sich im Giebel – wie könnte es auch anders sein – eine Breze! Die historische Bezeichnung »**Am Katzenstadel**« ist ein Hinweis auf die vor Erfindung des Schießpulvers und der Kanonen gebräuchlichen »Katzen« oder Mauerbrecher, mittelalterlichen Belagerungsmaschinen, die früher hier aufbewahrt wurden. Der Neubau des reichsstädtischen Gießhauses war notwendig geworden, weil der Vorgängerbau von 1547/48, überwiegend aus Holz gebaut, ein Opfer der Flammen geworden war. Und wer anders hätte diesen Auftrag besser ausführen können als Elias Holl? Auf dem Kilianplan unter der Nr. 73 als »Glocken-Haus« eingezeichnet, wurden dort 200 Jahre lang unter anderem Kanonen gegossen, die im angebauten Turm nachträglich ausgebohrt wurden. Nach 1806 als königliche Geschützgießerei weiterverwendet, diente die Gießhalle später ei-

Der Thorbäcker bei F 109 (heute: Wertach-brucker-Tor-Str. 14)

ner Brauerei als Lagerhalle. Nach den Zerstörungen im Zweiten Weltkrieg wurden Gießhaus und Kanonenbohrturm in den Schulkomplex des Stetten-Instituts einbezogen. Wo früher Gießmeister Schweißperlen vergossen, schwitzten dann Schülerinnen des Stetten-Instituts über ihren Prüfungsarbeiten, ehe das Gießhaus dann ruhigeren und weniger heißen Zeiten entgegensah: heute beherbergt es die Bibliothek. Darüber hinaus ist der Katzenstadel seit dem frühen Mittelalter eine der wichtigsten Straßen in Augsburg. Dies wird deutlich, wenn man sich vor Augen hält, daß die Verbindung Dom – Fischertor als Verkehrsverbindung erst Ende des vergangenen Jahrhun-

derts/Beginn unseres Jahrhunderts durch Abbruch zahlreicher Bürgerhäuser und – gegen den Protest der Bürger – des Frauentores (1885) geschaffen wurde. Früher verlief der Weg vom Roten Tor-Bäckergasse-Predigerberg-Wintergasse-Perlach-Steingasse-Ludwigstraße-Heilig-Kreuz-Straße-Katzenstadel-Wertachbrucker Tor. Nicht ohne Grund wurde daher der Katzenstadel in alten Grundbüchern der Stadt kurz und bündig »Reichsstraße« genannt. Auf dem Kilianplan wird der »Katzenstadel« mit Nummer 109 ebenfalls ausgewiesen.

Namensgeber für die Straßenbezeichnung **»An der Blauen Kappe«** war die 1428 errichtete und 1675/76 neugebaute »Blau-Kappen-Bastion« zwischen dem Klinkertor und dem Judenwall, die im 18. Jahrhundert nochmals ausgebaut wurde, ehe sie nach Aufhebung der Festungseigenschaften der Stadt 1866 wie die meisten anderen Bastionen auch geschleift wurde.

Die kupferne Abdeckung der mächtigen Rundbastion hatte die Form einer nach oben spitz zulaufenden Kappe, welche die Mauern vor dem frühzeitigen Verfall schützen sollte. Eine derartige Form gab es auch am »Kappeneck« in der Jakobervorstadt. Im Lauf der Jahre nahm das Kupfer jene bläulich-grüne Patina an, die von der Bevölkerung dann als Bezeichnung für die Bastion verwendet wurde.

Die bedeutendste Hausnummer war F 177, später An der Blauen Kappe 10. Am 23. Februar 1877 vom Königreich Bayern gekauft, entstand auf diesem Grund von 1877 bis 1879 das Königlich-Bayerische Realgymnasium Augsburg, dessen berühmtester Schüler der am 10. Februar 1898 »Auf dem Rain Nr. 7« geborene Eugen <u>Berth</u>old Friedrich <u>Brecht</u> wurde. Neben dem Gymnasium baute der Architekt und Bauunternehmer Karl Albert Gollwitzer zwei seiner typischen Häuser im maurisch-neugotischen Stil, die in der Bombennacht des 25. Februar 1944 ebenso zerstört wurden wie das Realgymnasium. An seiner

Stelle steht heute das Peutinger-Gymnasium.

Ursprünglich als »Breite Straße« bezeichnet, wurde der Straßenzug in der Folge als oberes, mittleres und unteres Kreuz bezeichnet, weil die Straßen Lange Gasse und Alte Gasse einerseits und die Breite Straße andererseits aus der Vogelperspektive wirklich wie ein Kreuz aussahen. Später entstand aus der Dreiteilung der Bezeichnung der heute gültige Straßenname »**Auf dem**

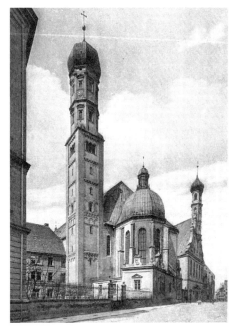

*Katholische / Evangelische
Heilig-Kreuz-Kirche*

Kreuz«. An der Ecke Auf dem Kreuz und Katzenstadel wurde am 13. Oktober 1649 das Katholische Waisenhaus bezogen, das am 25. Februar 1944 fast völlig zerstört wurde. Seit 1984 befindet sich dort das St. Gregor-Heim der Kath. Waisenhaus-Stiftung.

Der ehemalige Liebig-Platz vor dem Wertachbrucker Tor wurde auf Beschluß des Stadtrates vom 15. Oktober 1975 aufgrund der seit 1966 bestehenden partnerschaftlichen Beziehungen zur zentralfranzösischen Stadt Bourges in »**Bourges-Platz**« umbenannt.

Bourges geht wie Augsburg auf Römerzeiten zurück, als Avaricum war es sogar die Hauptstadt von Aquitanien. Seit 1975 besitzt die Stadt Bourges übrigens eine »Avenue d' Augsbourg«. Den Bezug zum Kloster Hl. Kreuz bildet die **Heilig-Kreuz-Straße**, die früher als Heilig Kreuz-Gasse bezeichnet wurde und die hinunter bis zum Kesselmarkt reichte. In der Heilig-Kreuz-Straße 26/ Lit. F 371/372 dem sogenannten »Fugger- oder Franzosenschlößchen« wohnte von 1817 bis 1825 Prinz Charles Lou-

is Napoleon mit seiner Mutter, (Exkönigin von Holland und Stieftochter Napoleon I.) Hortense de Beauharnais. Das Schlößchen zwischen dem heutigen Musculushof und dem Doktorgäßchen gelegen, gibt es leider nicht mehr seit dem Zweiten Weltkrieg, aus dem Besitz von Napoleons Mutter aber hat sich im Maximilianmuseum eine dreiteilige, silberne Kannengarnitur erhalten!

Das Wohnhaus des Prinzen Louis Napoleon (Fugger'sches Haus) in Augsburg.

Das Wohnhaus des Prinzen Louis Napoleon in der Heilig-Kreuz-Straße

Der spätere französische Kaiser Napoleon III. war von 1821 bis 1823 Schüler im Anna-Gymnasium, von dem es im Jahresbericht 1823 heißt: »Ehrenerwähnung verdiente Prinz Charles Louis

Georgenstraße mit St. Georg und auf der linken Straßenseite das Gasthaus »Zum Goldenen Karpfen«

Napoleon, der bei genauerer Bekanntschaft der teutschen Sprache sich einen höheren Platz erworben hätte.« Im Zweiten Weltkrieg wurde dieses Schlösschen zerstört. Erst ab 1806 wurde übrigens aus dem unteren Teil der Heilig Kreuz-Gasse die **Ludwigstraße**, benannt nach dem bayerischen Kronprinz Ludwig, dem späteren König Ludwig I., der über die Tänzerin Lola Montez stolperte, war sie doch der Grund für seine spätere Abdankung!

Das eingangs erwähnte »**Doktorgäßchen**« bezieht sich auf zwei gleichermaßen bekannte Mediziner. Zunächst war die Bezeichnung auf Dr. Simon Grimm bezogen, Stadtarzt in Augsburg, verheiratet mit Margarete Welser und damit

verwandt mit Dr. Conrad Peutinger. Ab 1812 meinte man mit »Doktor« aber Dr. Ulrich Jung, der – ab 1507 ebenfalls Stadtarzt – zum Leibarzt von Kaiser Maximilian I. avancierte, ob seiner Verdienste 1520 geadelt und 1538 sogar ins Augsburger Patriziat aufgenommen wurde!

Die **Georgenstraße** ist ebenso wie das frühere St. Georgen Gäßchen verständlicherweise nach der Kirche St. Georg benannt. In der Georgenstraße 4/4a wurde geboren und wohnte bis zu ihrer Heirat Anna Maria Sulzer. Sie wurde – in der Georgskirche getraut (16. Mai 1718) – die zweite Frau von Johann Georg Mozart, die Mutter von Leopold Mozart und damit die Großmutter des uns allen bekannten Musikgenies Wolfgang Amadeus Mozart!

Die »**Gesundbrunnenstraße**« ist nach einer unterhalb des Klinkertores im ehemaligen Schleifgraben sprudelnden Quelle benannt, die dort im heißen Sommer 1402 entdeckt wurde. 1512 soll Kaiser Maximilian I., (der »Bürgermeister von Augsburg«) von der Jagd kommend, von dieser Quelle getrunken haben und nach dem Genuß des klaren Quellwassers umgehend von einer fiebrigen Krankheit genesen sein. Natürlich schrieb man der Quelle daraufhin heilkräftige Wirkung zu und nannte sie ab sofort »Gesundbrunnen«. Auf dem Kilianplan als Nr. 74 »Gesundt Brunnen« ist er ebenso enthalten wie auf dem Seutter-Plan aus dem 18. Jahrhundert. Der Gesundbrunnen, 1899 letztmals erneuert, war mit seinen luftigen Anlagen einst ein beliebter Freizeitort. Im Hof des Maximilianmuseums befindet sich eine aus mehreren Bruchstücken zusammengesetzte Steintafel von 1547, die vor dem Zuschütten des Gesundbrunnens von dort geborgen wurde und auf der unter anderem zu lesen ist: »Gesundbrun bin Ich genandt, war Kaiser Maximilian wol bekandt, Der mir den Namen geben hat, oft selber bersönlich zu mir drat.«

Die »**Herrenhäuser**« wurden 1529 auf Anordnung des Rates auf dem Gelände der Stiftsherren von St. Georg errichtet. Zwei Reihen von je neun zweigeschossigen Häusern mit jeweils vier Räumen pro Geschoß sollten notleidenden Webern eine Unterkunft bieten. Diese Häuser sind auf dem Kilianplan mit Nummer 263 als »Statt-Zinshäuser« gekennzeichnet, 1646 gingen die Häuser in den Besitz Augsburger Bürger über. Nach den Zerstörungen des zweiten Weltkrieges lassen leider nur noch sechs der ehemals achtzehn Häuser die alte Substanz erkennen. Am Haus Nr. 7 ist eine wunderschöne holzgeschnitzte Eingangstüre vorhanden.

Der »**Klinkerberg**« ist eine jener Stra-

Logo der Deutschen Seifenkisten-Meisterschaft

ßen in Augsburg, die mit der Endung -berg enden. Wie der Mauer-, Milch-, Juden- oder Perlachberg führt auch er von der Augsburger Hochterrasse herab. Wo normalerweise der vom Plärrer in Richtung Stadtmitte kommende Verkehr hinaufbraust, da flitzen manchmal

Rennfahrer im Sperrholz-Ferrari den Berg hinunter. Die Rede ist von Seifenkistenrennen. Bei der am 5. und 6. August 1995 ausgetragenen Deutschen Meisterschaft verfolgten trotz Badewetter rund 6000 begeisterte Zuschauer, wie sich 206 Fahrerinnen und Fahrer von der Startrampe auf die Strecke stürzten. Der schnellste von ihnen be-

nötigte für die 270 m lange Strecke gerade einmal 26,99 Sekunden!

Die »**Klinkertorstraße**«, eine Verbindungsstraße zwischen der Volkhardtstraße und der Straße Auf dem Kreuz erinnert ebenso wie der Klinkertorplatz und der Klinkerberg an das zwischen dem Alten Einlaß und dem Wertachbrucker Tor gelegene Stadttor, das erst-

Schlittschuhlaufen im Schleifgraben anno 1741

1. Porta Vindæ
2. Turris Vindæ
1. Wertachbrucker Thor
2. Wertachbrucker Thurn
1. Porte de Wertach
2. Tour de Wertach

mals 1358 erwähnt wird, nach den Zerstörungen des Spanischen Erbfolgekrieges wieder aufgebaut, im Zuge der
neueren Verkehrsplanung aber 1874
abgerissen wurde.

Die »**Lange Gasse**« nimmt direkten
Bezug auf die Ausdehnung der Straße,
die schon seit jeher zu den bedeutend-
sten und eben auch längsten Gassen in
diesem Stadtviertel zählt: die »lang
Gassen«, so wird sie im Kilianplan unter der Nummer 80 bezeichnet. In der
Gasse befand sich auf der linken Straßenseite (in Richtung Wertachbrucker
Tor) im Haus Lit. F 230 seit 1778 der
Königliche Poststall mit der Dienstwohnung des königlichen Post-Stallmei-
sters.

Als »**Schleifgraben**« bezeichnet man
jenen Teil des westlichen Stadtgrabens,
von dem Paul von Stetten 1788 schreibt:
»Unter dem Judenwall, gegen dem
Wertachbrucker Thor ist ein Wassergraben, der im Winter zufriert, und auf
welchem mit Schlittschuhen zur Lust
gefahren wird.« Ein Kupferstich von
1741 belegt die über 250 Jahre lange Tradition des Schlittschuhlaufens hier im
Graben und beweist, daß schon damals
»geschliefert«, also mit Schuhen ge-
rutscht oder mit Schlittschuhen auf dem
Eis gelaufen wurde. Auf Plänen im
Stadtarchiv findet sich deshalb auch
noch der ältere Name »Schliefgraben«.

1878 gründeten zehn wohlhabende
Augsburger Bürger, allen voran der
Fabrikant Ludwig August Riedinger,
den Augsburger Eislauf-Verein (AEV),
den ältesten Eislaufverein Deutsch-
lands. Im gleichen Jahr wurde in diesem Graben eine Eisbahn gebaut (heute: Curt-Frenzel-Stadion). Die Gründer
sorgten dafür, daß die Augsburger hier
auf zwei Natureisbahnen ihrem Hob-
by nachgehen konnten. Es gab das
»abonnierte« und das »Fünferle-Eis«.
Inhaber einer Abonnementkarte (Drei
Mark pro Saison) durften auf der von
Vereinsangestellten gepflegten Bahn
laufen, während sich der Rest der
Eislaufbegeisterten gegen einen Obolus
von fünf Pfennig mit der anderen Bahn
begnügen mußte.

Seit 1932 wird hier dem Puck nachge-
jagt, 1937 entstand auch ein Stadion,
aber es dauerte noch beinahe dreißig
Jahre, ehe am 2. November 1963 das
Kunsteisstadion feierlich eröffnet werden konnte. Ein Jahr später stellte sich
hier erstmals die Deutsche Eishockey-
Nationalmannschaft vor, leider ging
diese Premiere gründlich daneben: Die
Eidgenossen aus der Schweiz gewan-
nen das Spiel mit 8:2!

Auf diesem wahrhaft historischen Gelände finden heute die Heimspiele der
»Augsburger Panther« statt. 1942 wurden von diesem Graben zwei Stollen als

Luftschutzbunker in Richtung Stadtmitte angelegt, die während der Luftangriffe manchem Augsburger das Leben retteten.

Nach dem Krieg wurde der nördliche Teil des Grabens mit Bauschutt aufgefüllt, dort befinden sich heute eine Umweltmeßstation, ein Spielplatz und ein Verkehrsübungsplatz. Im südlichen Bereich befand sich eine Ziegelbrechanlage zur Wiederaufbereitung angefahrenen Abbruchmaterials. Über Gitterroste trennte man die Mörtelbrocken von den Steinen, die – von einem Presswerk zermalmt – mit Zementmörtel vermischt wurden und daraus

formte man dann Hohlblocksteine: Recycling anno 1946!

Eine Gedenktafel am Haus »**Sebastian-Kneipp-Gasse**« Nr. 5 erinnert daran, daß hier der am 6. August 1852 im Augsburger Dom zum Priester geweihte spätere »Wasserdoktor« wohnte, als er von 24. November 1854 bis 1. Mai 1855 Kaplan in St. Georg war. Damals hieß die Straße noch St. Georgen-Gässchen, die Hausbezeichnung lautete Litera F 287. Anläßlich des 40. Todestages des Priesterarztes wurde das Gäßchen umbenannt und die Gedenktafel am Haus angebracht, die heute noch an den ehemaligen Bewohner erinnert.

Der Alte Einlaß

Aus der Kirchengeschichte von St. Georg

Der heilige Georg, Patron der Kirche des gleichnamigen Viertels, war während des Mittelalters einer der meistverehrten Heiligen. Gesichertes Wissen über sein Leben gibt es kaum, wir wissen nur, daß er aus Kappadokien stammte, römischer Offizier war und 303, ein Jahr vor der Hl. Afra den Märtyrertod starb. Schon seit dem 13. Jahrhundert erscheint er als Drachentöter, seit dem 15. Jahrhundert wird er unter die vierzehn Nothelfer eingereiht. Besondere Verehrung genoß er als Patron der Ritter und Soldaten, Pilger, Artisten und vor allem der Pferdebauern. Der vor allem in ländlichen Gegenden praktizierte Brauch des Georgirittes erinnert noch heute daran. Von dieser Kirche St. Georg als geistigem Mittelpunkt des Viertels zu berichten, dafür gibt es genügend Gründe. Noch heute läßt sich dieses an historischer Stelle befindliche Zentrum zwischen der Thomm- und Georgenstraße nachvollziehen, wenn man sich das Mit- und Nebeneinander von Kirche, Kindergarten, Sozialstation mit Kurzzeitpflege, Wohnungen und

Im ehemaligen Hof südlich vor der Georgskirche

Pfarrzentrum ansieht. Es ist vielleicht ganz reizvoll, einige der Gründe zusätzlich mit Zahlen zu belegen. Von 1135 bis zur Aufhebung des Stiftes am 4. Dezember 1802 haben sich nicht weniger als 47 Pröpste 667 lange Jahre um das Seelenheil ihrer Herde gekümmert. Im Jahr 1818 zählte die Gemeinde 2862 Seelen, 1885 lag deren Zahl schon bei stattlichen 13050, nach der letzten Volkszählung vor dem Zweiten Weltkrieg war St. Georg mit 16690 Gemeindemitgliedern gar die größte Pfarrei der Stadt! Zur Zeit (1999) beträgt die Zahl der Gemeindemitglieder etwa 6000. Dem Index Personarum der Pfarrei kann man entnehmen, daß in der Zeit von 1810 bis 1999 in St. Georg zwölf Pfarrer und 144 Kapläne wirkten. Zu ihnen zählte auch Sebastian Kneipp.

Im Kapitel »Auf dem Weg zur befestigten Stadt« wurde schon darauf hingewiesen, daß die Stadtentwicklung zunächst von der Domstadt in südliche Richtung nach St. Ulrich und Afra verlief, erst dann folgte die Entwicklung über die Domstadt hinaus in Richtung Norden. Die Überlieferung berichtet davon, daß an der Stelle der heutigen Georgskirche schon vor mehr als 1000 Jahren eine Kirche stand. Und weil sie außerhalb der damals befestigten Bischofsstadt und damit vor den schützenden Mauern lag, wurde sie im Mittelalter als »St. Jürgen außerhalb der Mauern« bezeichnet. Dieses Stadtbild läßt sich durch Straßennamen noch präzisieren: die frühere Bezeichnung »auf

Das Augustiner Chorherrenstift St. Georg

unserer Frawen Graben« weist darauf hin, daß die Stadtentwicklung nördlich der Jesuitengasse noch lange nicht abgeschlossen war. Diese Lage außerhalb der Stadt brachte natürlich manch feindlichen Übergriff mit sich, mehrmalige Zerstörungen und Wiederaufbau waren die bedauerliche Folge. So ist überliefert, daß die Kirche 1057 niederbrannte. Nach nicht gesicherten Überlieferungen ließ Bischof Embrico 1070 an dieser Stelle ein Oratorium errichten, 1072 wurde die Kirche neu und größer wieder aufgebaut.

In der noch erhaltenen Urkunde vom 12. März 1135 beurkundete Bischof Walter I. (1133 bis1152), daß er eine apostolische Lebensgemeinschaft nach den Regeln des heiligen Augustinus in der Kirche des Märtyrers Georg begründet habe. Den bei St. Georg angesiedelten Chorherren wurde das Recht der freien Propst- und Kanonikerwahl zugestanden und man übertrug ihnen gleichzeitig die Seelsorge, dies bedeutete für sie das Recht, taufen, predigen und auch Tote beerdigen zu dürfen. An diese am 28. Oktober 1143 geweihte romanische Kirche erinnert heute noch das älteste Ausstattungsstück, die im Kircheninnern als Kanzelfuß benützte Knotensäule, der Unterbau des Kirchturmes sowie ein 1953 entdecktes romanisches Triforium und eine einzelne Säule, die

sich in der Eingangshalle der Hauswirtschaftsschule befinden.

Damals existierte noch kein eigener, abgegrenzter Seelsorgebereich. Und diese Tatsache scheint allgemeine Rechtsunsicherheit ausgelöst zu haben, denn Herzog Friedrich V. von Schwaben, Barbarossas Sohn, befahl 1167 den Bürgern von Augsburg, den Besitz und die Rechte des Augustinerchorherrenstiftes St. Georg zu achten. Als aber die Siedlung und damit die Gemeinde um die romanische Kirche wuchs, legte Bischof Hartwig (1167 bis 1184) im Jahre 1183 die Grenzen des Pfarrbezirkes fest, eine Entscheidung, die von Papst Cölestin III. in einer Bulle am 8. Februar 1197 auch bestätigt wurde. Diese Urkunde stellt die älteste, im Stadtarchiv befindliche Papsturkunde dar und sie ist mit einer gut erhaltenen Bleibulle (= Siegel) versehen. Ende des 12. Jahrhundert zählte das Stift bereits 22 Mitglieder, die sich um die Seelsorge in der wachsenden Vorstadt kümmerten.

Zu Beginn des 14. Jahrhundert (1301) wurde der Bezirk von St. Georg in die Stadtumwallung mit einbezogen, 1309 die an der Kirche vorbeiführende Straße als St. Georgenstraße benannt. Da man bis 1366 immer noch von »St. Jürgen außerhalb der Mauern« sprach, ist anzunehmen, daß die Stadtbefestigung erst in der zweiten Hälfte des 14. Jahrhunderts um die Nordseite der Kirche herumgeführt wurde. Gegen Ende des 15. Jahrhundert war die romanische Kirche baufällig und für die immer größer werdende Gemeinde auch zu klein geworden. Da »die pfarrkirch zu Sannt Jörigen … allters halben also schadhafft und pawfellig worden und täglich schad darin zu besorgen und zu gewarten« sei, vereinbarte Propst Laurentius Felmann am 4. Januar 1490 mit den Zechpflegern von St. Georg eine Baumaßnahme, um die »kirchen sampt dem Chor zu seinem closter und von Grund auff stattlicher zurichten«. Bis 1501 entstand so eine dreischiffige, spätgotische Basilika, die wahrscheinlich von Burkhard Engelberg, dem Erbauer des Ulrichsmünsters, fertiggestellt wurde. Natürlich findet man in der Kirche noch Spuren des auftraggebenden Propstes Felmann: als Schlußstein im Ostchor sein Wappen (ein schwarzes Hirschgeweih auf gelbem Grund) und an der Westwand der Herwartkapelle sein beeindruckendes und 1497 noch zu seinen Lebzeiten entstandenes Epitaph. An das südliche Seitenschiff angrenzend, ließ die Patrizierfamilie Herwart eine auch von außen deutlich zu erkennende Kapelle errichten. Unter den vier Evangelisten an der südlichen Außenwand der Kapelle findet man das Herwartsche Familienwappen, eine Eule. Dieses Wappenattribut übernahmen die Herwarts 1348 mit einer Heirat, nachdem die Eulentalers im Mannesstamm ausgestorben waren. Ein Gewölbeschlußstein im Innern der Kapelle mit der Jahreszahl 1506 belegt den

Das Fischertor und St. Georg, Kupferstich von Simon Grimm um 1680

Befehl zur endgültigen Räumung des Klosters vom 14. Dezember 1808

Kirchturm wurde abgetragen und durch ein achteckiges Mauerwerk mit einer Zwiebelkuppel ersetzt.

1693 erhielt der damalige Propst Leopold Ilsung aus der bekannten Patrizierfamilie für sich und seine Nachfolger das Recht der Pontifikalien, das heißt es wurde offiziell erlaubt, daß der Propst von St. Georg wie ein Bischof Mitra und Stab tragen durfte. Zur Zeit der Säkularisation lebten zwölf Chorherren in St. Georg, die miterleben mußten, wie ihr Stift mit Entscheidung vom 4. Dezember 1802 aufgehoben wurde. Die letzten vier bezogen das halbverfallene Mesnerhaus, wo sie nacheinander starben, zuletzt Propst Anton Tischer, dessen Epitaph sich im nördlichen Seitenschiff in der Nähe der Westwand befindet.

Bei der Aufhebung von Stift und Kloster wurde nicht nur das bedeutende Inventar zum größten Teil meistbietend verschleudert, auch acht Pferde und zehn Milchkühe kamen »unter den

Zeitpunkt der Fertigstellung. Da ihre gotische Ausgestaltung noch im Original erhalten ist, stellt sie eine der kunsthistorisch interessantesten Stellen in Augsburg dar.

Die Einführung der Reformation vertrieb die Chorherren 1537 ins Exil auf ihr Schloß Guggenburg bei Schwabmünchen, von wo sie erst zehn Jahre später wieder zurückkehren konnten. Eine geplante Aufhebung zugunsten der nahegelegenen Jesuiten verhinderte 1561 das Domkapitel. Während des Dreißigjährigen Krieges verweigerten die Chorherren dem Schwedenkönig den Treueid, was zur Folge hatte, daß sie nach Weilheim vertrieben wurden. 1681 begann die barocke Umgestaltung der Kirche, der auf dem Stich von Simon Grimm charakteristische, spitze

Hammer«. 1806 mußten die Chorherren das Stift ganz räumen, aus Protest gegen diese Zwangsmaßnahme ließ sich Propst Tischer »mit Gewalt entfernen«. Wie man mit den ehemaligen Stiftsinsassen umsprang, zeigt ein Dokument vom 14. Dezember 1808, als im Namen seiner Majestät des Königs angeordnet wurde, »daß sämtliche Geistlichen schon bis Weihnachten ihre Wohnungen verlassen müssen, damit es das Königl. Militär übernehmen kann«. Von 1808 bis 1883 wurde das Stift in Georgskaserne umbenannt und als Lazarett des in Augsburg ansässigen bayerischen Militärs benützt. Nach der Neuordnung der Seelsorge in Augsburg bestellte man am 18. November 1811 Ludwig Albrecht als ersten weltlichen Pfarrer für St. Georg.

1880 bis 1882 ersetzte man die barocke Ausstattung der Kirche durch eine neugotische. In dieser Zeit wurde die Stadtmauer nördlich der Kirche abgebrochen, der Stadtgraben aufgefüllt und das Militärlazarett verlegt. In einem Führer durch Augsburg aus dem Jahre 1910 liest man, daß die Georgskirche »wegen ihres merkwürdigen Kalvarienberges besuchenswert ist«. Kirche und Konventsgebäude wurden im Zweiten Weltkrieg erheblich zerstört und zwischen 1953 bis 1957 wieder aufgebaut. Noch einige weitere Daten aus der Geschichte um St. Georg nach 1945: Der Turm erhielt seine ursprüngliche Zwiebelkuppel wieder (1961), der südliche Kirchenvorplatz wurde umgestaltet (1964), die Kirche umfassend renoviert (1978), die Rekonstruktion des Prälatenbaus abgeschlossen (1979) und der damalige Bischof Dr. Josef Stimpfle weihte am Vorabend des Ulrichsfestes, am 3. Juli 1981 das Pfarrheim »Haus Augustinus« ein.

Wie heute noch beim Ulrichsmünster oder bei der Hl. Kreuz-Kirche, so stand als ehemaliges Predigthaus auch bei der Georgskirche eine zweite Kirche, die 1290 erbaut und zu Ehren Johannes des Täufers genannt wurde. Drei Jahre später wurde eine Michaelskapelle angebaut. Diese Predigthäuser, südlich der heutigen Georgskirche gelegen, wurden auch als Begräbnisstätten genutzt. Die seit 1526 nachweisbare Ausübung des evangelischen Gottesdienstes verlangte auch hier eine eigene Kirche. 1534 zog man in die nahe Michaelskapelle, nützte aber mit der Abschaffung der katholischen Lehre ab 1537 die ehemals katholische Kirche.

Als die Chorherren nach dem Schmalkaldischen Krieg 1548 ihre angestammte Kirche wieder in Besitz nahmen, wich die evangelische Gemeinde mangels einer eigenen Kirche wieder in diese Predigthäuser aus, die wegen Baufälligkeit 1556 abgebrochen werden mußten. Auf Kosten des Rates erstellte die Gemeinde, gegen den Einspruch des Propstes, ein größeres Gotteshaus an dieser Stelle. Da diese Kirche keinen Glockenturm besaß, mußten sich die Chorherren verpflichten, den Evangelischen in ihrem Kirchturm eine Glocke zu überlassen. Man braucht nicht besonders viel Phantasie, um sich vorstellen zu können, daß diese Entscheidung für erheblichen Ärger sorgte. Um diesem Mißstand abzuhelfen, ließ Propst Urban Braun 1612 einen kleinen Glockenturm auf der evangelischen Georgskirche anbringen. Bei dieser Gelegenheit entstand auch ein »Prospect der Evangelischen St. Georgen Kirchen«, der in der Staats- und Stadtbibliothek aufbewahrt wird. Im Augsburger Pfarrerbuch, das die evangelischen Geistlichen der Freien Reichsstadt Augsburg von 1524–1806 aufführt, sind für die evangelische Pfarrei St. Georg von 1526 bis 1635 insgesamt achtzehn Pfarrer und neun Diakone nachgewiesen.

Entsprechend dem Restitutionsedikt vom 6. März 1629, das Kaiser Ferdinand II. auf dem Höhepunkt seiner Macht erlassen hatte, sollten die »Augsburger Konfessionsverwandten« alle seit 1552 eingezogenen geistlichen Güter wieder an die katholische Geistlichkeit zurückgeben. Nicht nur, daß am 8. August 1629

Evangelische Georgskirche im Jahre 1612

den evangelischen Predigern die Ausübung ihrer Tätigkeit verboten wurde, man versperrte ihre Kirchen, um sie später sogar abzureißen. Dieses Schicksal traf auch die ev. St. Georgskirche. Mit dem Einzug des Schwedenkönigs Gustav Adolf in Augsburg änderte sich die wenig beneidenswerte Situation der Protestanten. In einer Urkunde vom 20. Mai 1632 äußerte er seinen Unmut über den Propst und Konvent von St. Georg wegen des 1629 vorgenommenen Abrisses der ev. Georgskirche und befahl, daß die Katholischen ihre Kirche den Evangelischen solange zu Verfügung stellen müßten, »bis die abgebrochen

Kirch auf des Konvents Kosten von grund wieder aufgebaut wirt«. Und damit auch ja keine Mißverständnisse aufkamen, beschloß der König diese Urkunde mit dem nachdrücklichen Hinweis, »solches meinen Ihre Königl. Maytt.: ernstlich« und er fuhr fort, daß sich der Konvent »ohn allgroß einwendens hiernach zu richten« habe!

Die Gemeinde erhielt im Westfälischen Frieden zwar die Genehmigung, ihre Kirche wieder zu errichten und die Protestanten bemühten sich auch um einen Wiederaufbau, der kam jedoch nie zustande. Daß es diese Pläne tatsächlich gab, belegt das noch vorhandene Modell für eine evangelische St. Georgskirche in Augsburg, das ursprünglich in der Modellkammer des Rathauses aufbewahrt wurde. Heute befindet es sich im Maximilianmuseum.

Aufgrund des Westfälischen Friedens von 1648 stellte man den Besitzstand von 1624 wieder her, das heißt der Grund und Boden, auf dem ehemals die Predigthäuser standen, wurde wieder Eigentum der Protestanten, die ihre Besitzansprüche auch deutlich dokumentierten: sie ließen den Platz umplanken! Auf den Kupferstichen der nächsten achtzig Jahre ist der so reklamierte Platz deutlich zu erkennen. Als während des Spanischen Erbfolgekrieges die Protestantischen Friedhöfe in der Stadt nicht benützt werden konnten, erklärten die Protestanten ihren Platz zum Behelfsfriedhof und bestatteten zwischen 8. Juli und 24. August des Jahres 1704 insgesamt 132 Leichen. Ein im Rondell auf dem südlichen Kirchhof befindlicher Gedenkstein mit seiner nahezu unleserlichen Schrift er-

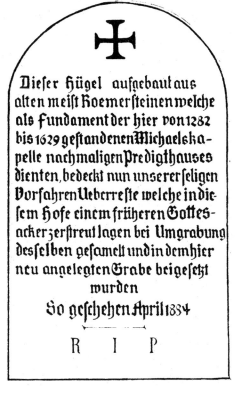

Gedenkstein im Rondell auf dem südlichen Kirchhof

innert an diese Vorgänge. Bis zur Neugestaltung des Vorplatzes 1964 befand sich dieser Stein auf einem Hügel. Dank der von Herrn Kraus vorgenommenen Rekonstruktion der Inschrift kennen wir auch den Text. Im Häuserverzeichnis der Stadt Augsburg von 1890 ist übrigens unter der Litera-Nummer F 50 eingetragen »der Platz, wo die ehem. A.C. St. Georgskirche gestanden ist«.

Soweit zur Geschichte von St. Georg. Was aber wäre diese Geschichte ohne die Menschen, die als Gemeinde mit der Kirche früher viel intensiver verbunden waren als heute? Schlägt man die verschiedenen Matrikelbücher auf, erlauben sie einen tiefen Blick in die Stadtgeschichte. Stellvertretend für alle darin aufgenommenen Personen sei hier von einer Familie erzählt, deren Name weit über die Grenzen Augsburgs hinaus Weltruf besitzt: die Mozarts!

Daß Augsburg als Vaterstadt der Mozarts bezeichnet wird, ist eine bekannte Tatsache. Weniger bekannt dürften die intensiven Beziehungen der Familie zu St. Georg sein. So verpflichtete sich Hans Motzhart am 7. Februar 1525, für seine Sölde in Leitershofen dem Kloster St. Georg Abgaben zu leisten, der Konvent verlieh diese Sölde zunächst 1564 an seinen Sohn und in der nächsten Generation am 1. August 1591 an dessen Söhne Peter und Lienhard. Die Abgaben für diese Sölde lassen sich auch noch in den folgenden Generationen nachweisen. Die Augustiner-Chorherren kannten zwar kein persönliches Eigentum des einzelnen, wohl aber das Eigentum der Stifte, was beispielsweise bei den Augustiner-Eremiten ausgeschlossen war: sie gehörten zu den sogenannten Bettelorden.

Die Mozarts haben aber nicht nur Geld bezahlt, sondern auch Dienst für dieses Kloster geleistet. So finden wir mit David Mozart sogar einen Konventprediger, der für die Zeit von 1686 bis 1687 nachgewiesen werden kann. Leopold Mozarts Großonkel Hans Georg Mozart hat, so wird berichtet, »viele schöne Kirchen, Schlösser, Clöster und Häusser« gebaut, unter anderem 1702 bis 1705 das zuvor abgebrannte Konventgebäude der Chorherren von St. Georg, nördlich der Kirche. Als Werkmeister des Augsburger Domkapitels und damit natürlich Spitzenverdiener, war er einer der führenden Barockbaumeister Schwabens. Gewohnt hat Hans Georg Mozart von 1681 bis 1719 im Haus »Äußeres Pfaffengäßchen 24«, das er am 23. Dezember 1681 erworben hatte. Eine Gedenktafel an der Hauswand erinnert an den ehemaligen Bewohner.

Die Eltern von Leopold Mozart, dem Vater von Wolfgang Amadeus Mozart, heirateten in St. Georg und wurden am 16. Mai 1718 durch den Stiftsherrn Ignatius Seefelder getraut. Der erste Sohn dieses Ehepaares wurde am 14. November 1719 in der Georgskirche getauft und in der Taufmatrikel läßt sich auch sein vollständiger Name nachweisen: »Joannes Georgius Leopoldus« – ja, so hieß der Knabe ganz genau. Um die Verbindung der Musikerfamilie mit »ihrer« Kirche zu komplettieren, sei erwähnt, daß drei Schwestern von Leopold Mozart in St. Georg den Bund fürs Leben schlossen.

Für einen derartigen Akt braucht man natürlich einen Pfarrer, von denen seit 1810 bis heute (1999) insgesamt zwölf in der Pfarrei wirkten. Erster Pfarrer nach der Säkularisation war Ludwig Albrecht, der am 18. November 1810 seine Stelle in der Georgspfarrei antrat. Ihm folgten zwei weitere Amtsinhaber, ehe mit dem vierten Pfarrer, Albert Höfer, ein wirklich bedeutender Mann vom 3. Mai 1831 bis 2. Mai 1844 der Pfarrei vorstand. Er war Mitglied des Bayerischen Landtages und Landrat der Königlichen Regierung von Schwaben und Neuburg, wie der Regierungsbezirk damals hieß. Neben seinem politischen Engagement verfaßte und vertonte Höfer auch noch verschiedene Kirchenlieder. Der jüngste aller bisherigen Pfarrer war Dr. Anton Koch, dem mit 34 Jah-

ren am 13. November 1881 die Pfarrei anvertraut wurde. Und: der Jüngste blieb am längsten. Pfarrer Koch leitete 39 Jahre lang die Geschicke der Pfarrei, länger als jeder andere bisher! Und noch eine Anekdote: sowohl unter den Pröpsten als auch unter den Chorherren ist jeweils ein Wolfgang Zech verzeichnet, die zumindest vom Namen her mit dem derzeitigen Pfarrer von St. Georg verwandt sind.

Eine am 15. September 1929 vom Kneipp-Verein am Pfarrhaus angebrachte Gedenktafel weist darauf hin, daß Sebastian Kneipp als 3. Kaplan in der Pfarrei St. Georg wirkte. Daß er die für den Priesterberuf notwendige innere Einstellung besaß, wird durch eine Bemerkung im Absolutorium des Dillinger Gymnasiums ersichtlich, in dem es neben der Gesamtnote heißt, daß er (also Kneipp) »als Schüler der Oberklasse bezüglich seines religiös-sittlichen Verhaltens die Note »ausgezeichnet« erhielt«. Am 6. August 1852 im Augsburger Dom zum Priester geweiht, feierte er am 24. August 1852 seine Primiz in der Basilika Ottobeuren und wurde im Anschluß daran zunächst nach Biberbach, später nach Boos versetzt, ehe er am 24. November 1854 eine Stelle als 3. Kaplan in der Pfarrei St. Georg in Augsburg erhielt. Da noch kein Pfarrhaus vorhanden war, bezog er im vierten

Stock im Georgigäßchen F 287 ein Zimmer. Anläßlich des 40. Todestages des Priesterarztes wurde das Gäßchen in Sebastian-Kneipp-Gasse umbenannt und eine Gedenktafel am Haus Nr. 5 angebracht. In Augsburg wirkte er bis zum 1. Mai 1855, ehe er tags darauf als Beichtvater in das Dominikanerinnenkloster Wörishofen eintrat, wo er am 17. Juni 1897 seine Augen für immer schloß.

Das Pfarrzentrum St. Georg im Norden der Stadt stellt eine relativ große und verzweigte Anlage dar. Ihre Hausnummern gehören zu zwei verschiedenen Straßen und es gibt sogar mehrere Zugangsmöglichkeiten. Dies aber macht gerade den Reiz dieses Zentrums aus und es bleibt zu hoffen, daß die Gläubigen – welchen Weg sie auch immer nehmen – zu ihrer Kirche finden, wie schon seit über 800 Jahren.

Der Prälatenbau nach den Zerstörungen im Jahr 1944

St. Georg nach dem Zweiten Weltkrieg aus der Sebastian-Kneipp-Gasse

St. Georgskirche mit ehemaligem Vorplatz vom Süden aus

Brauereigeschichte im Georgsviertel

Wie so vieles in Augsburg, so hat auch das Brauwesen eine sehr lange Tradition. Als ältester Biernachweis gilt ein Rechtsbuch von 1104, in dem bereits von einem Braurecht die Rede ist. Es liege in den Händen der »tabernarii qui cerevisiam faciunt«, also jenen Leuten, die Bier herstellen. Dieses Dokument war die Grundlage für das von Kaiser Friedrich I. »Barbarossa« erlassene sogenannte »kleine Stadtrecht« von 1156, in dem nicht nur das Bierbrauen als Gewerbe bezeugt ist, sondern es sind auch schon Strafandrohungen gegen die Herstellung von minderwertigem Bier enthalten: »Quando tabernarius vilem facit cerevisiam…« (falls der Wirt schlechtes Bier herstellt). Dies läßt den Schluß zu, daß es sogar schon so etwas wie spezielle Qualitätsvorschriften gab. Daher kann man mit Fug und Recht behaupten, daß Augsburg über das älteste Reinheitsgebot verfügt, denn das Bayerische Reinheitsgebot existiert ja bekannterweise erst seit 23. April 1516.

Zu den sechs Wortführern der bewaffneten Handwerker, die am 23. Oktober 1368 vor der Ratsversammlung ihre Forderungen vortrugen, gehörte auch der Brauer und Biersieder Sieghart, der mit seinen Gesinnungsgenossen erreichte, daß der Rat den Handwerkern schwor, sie sollten »um 100 Jahr und einen Tag« eine Zunft haben. In der Folge war eine der siebzehn Zünfte die der »Bierpreven«, die zwar anfangs nur wenige Mitglieder zählte, der aber 1539 bereits 68 Mitglieder angehörten.

Obwohl Bier und seine Brauer immer wieder erwähnt werden, war zunächst Wein das bevorzugte Getränk in der Stadt. Dann aber änderten sich die Trinkgewohnheiten der Augsburger. Dies kann man an entsprechenden Bestimmungen feststellen. So wurde 1442 in einer Brauordnung vorgeschrieben, daß zum Brauen nur frisches Wasser erlaubt sei, das an bestimmten Stellen von Lech und Wertach geholt werden müsse. In der gleichen Verordnung liest man, daß die traditionelle Verwendung von Hopfen vorausgesetzt wird. Die geänderten Trinkgewohnheiten zugunsten des Bieres lassen sich auch an ver-

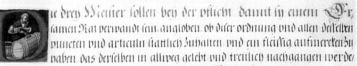

mehrten Ratsverordnungen und speziellen Einzelanweisungen nachvollziehen. So wurde in der 1445 niedergeschriebenen Speiseordnung für die Bewohner der St. Antons-Pfründe beispielsweise festgelegt, daß den Bewohnern zur täglichen Mahlzeit »ain seydlins biers« zusteht! Aber auch auswärts konnte man Bier brauen, das den Augsburgern offensichtlich schmeckte, zumal es billiger war als das in der Stadt gebraute. So verlangte man bereits 1276 Ungeld, also eine Steuer für importiertes Bier. An der »stravans prugge« (der späteren Sträffinger-, dann Barfüßerbrücke) kassierte die Stadt zwei Pfennige für ein Fuder Bier (= 905 Liter)! Damit dieser Import nicht überhand nahm und um die einheimischen Gerstensäfte und ihre Brauer zu schützen, griff die Obrigkeit ein und ordnete 1511

in einem Ratsprotokoll an, daß »fremdes Bier« nur donnerstags und freitags auf dem Perlachplatz verkauft werden dürfe. Offensichtlich gab es auch bei den Bierbraueren »schwarze Schafe«. So findet sich in der am 26. März 1549 veröffentlichten »Bierpreven Ordnung« die Anweisung, daß es untersagt sei, »schedliche Kreuter und Wurzeln in das bier zu thon«, um gesundheitliche Schäden zu vermeiden. Und in Prozeßakten ist tatsächlich von Leuten die Rede, die nach dem Genuß solch gepanschten Bieres »tobig und unsinnig« wurden.

In der Blütezeit des Braugewerbes gab es 126 Brauereien in der Stadt, und ihre Geschäfte waren dem Leiter des städtischen Ungeldamtes (Finanzamt) willkommen, denn schließlich, so schreibt Paul von Stetten 1788, gehört »zu den wichtigsten Einnahmen der Stadt … das

Ungeld von schwankender Waare, d.i. Bier…«. Die Anzahl der dem Stadtsäckel geldbringenden Brauereien aber nahm kontinuierlich ab: waren es 1830 noch 98, so reduzierte sich ihre Zahl bis 1875 auf 62, bis 1903 sank ihre Zahl auf 47, 1939 gab es noch 13 von ihnen, und heute sind lediglich fünf davon übriggeblieben: Augusta-Brauerei, Brauhaus Riegele, Hasen-Brauerei, Zur Golden Gans und Thorbräu.

Im Literabereich »F« sind zwanzig Brauereien nachweisbar, allein in der Georgenstraße existierten 1818 sechs Brauereien. Und wie könnte es auch anders sein, selbstverständlich fand sich darunter auch die Wirtschaft und Brauerei »Zum Ritter St. Georg«. Aber auch hier machte das Sterben vor den Brauereien nicht Halt: bis 1913 blieben davon nur noch acht übrig, darunter die Kronenbräu, die Prügelbräu und die Thorbräu. In einem Häuserverzeichnis der Stadt Augsburg aus dem Jahr 1890

Wertachbrucker Tor und THORBRÄU im vorigen Jahrhundert

Wirtshausausleger der THORBRÄU beim Wertachbrucker Tor

sind neben den Brauereien im Georgsviertel nicht weniger als fünfzehn Wirtshäuser aufgeführt, denn schließlich galt auch damals schon: Bierbrauen ist eine Kunst, aber man muß dieses köstliche Getränk auch verkaufen! Zum beliebten Frühschoppen ging man damals »Zum schwarzen Adler«, »Zum Mohrenköpfle«, »Zur weiten Kanne« und »Zum Goldenen Karpfen«, um nur einige zu nennen. Das Georgsviertel war früher das Brauerviertel in der Stadt.

Dies merkte man spätestens in der Zeit nach dem Zweiten Weltkrieg, als im Zuge von Um- und Neubauten viele ehemalige Bierkeller in den Trümmern sichtbar wurden, die oftmals aus statischen Gründen einen Neubau erschwerten oder aber umfangreiche Stützmaßnahmen erforderten.

Tor schrieb man früher grundsätzlich als Thor – daher rührt auch der Name der in unmittelbarer Nähe des Wertachbrucker Tores gelegenen Brauerei, der

Zerstörungen im Brauerviertel beim Wertachbrucker Tor

»Thorbräu« eben. Nach den Quellen des Stadtarchives bestand der Bierausschank, damals »Zur Pforte« genannt, bereits 1582, sonst würde man nicht folgenden Eintrag finden: »Zott Georg, Bierschenk, gibt zum Pfand sein Bierschenkenhaus, Hofsache und Gesäß beim Wertachbrucker Thor gelegen, hinten an Hans Geißelmeier inhalb an Marx Ottmar Häuser anderhalb und vorne auf Deichstraße stoßend, so Zinslehen von weil. Frau Katharina geb. Lauginger, Christoph Peutingers Stadtpfleger sel. Witwe.« Das Haus, das der Bierbrauer Zott also zum Pfand gab, gehörte ursprünglich dem 1576 verstorbenen Christoph Peutinger, der nach mehrjähriger Tätigkeit als Faktor für die Firma Welser 1548 in den Rat gelangte und von 1556 bis zum seinem Tod 1576 katholischer Stadtpfleger in Augsburg war. Dieser Christoph Peutinger war einer der Söhne des großen Kaiserlichen Rates und Stadtschreibers auf Lebenszeit Dr. Conrad Peutinger!

In der Reihe der weiteren Besitzer taucht 1597 der Bierschenk Stefan Steißlinger auf, in der Folge seine Witwe Katharina. Ihr folgt 1640 der Bierbräu Tobias Schwelin, den als Hausbesitzer 1670 der Färber Mathäus Schwager ablöste. Trotz der verkehrsgünstigen Lage scheint die Wirtschaft keine Goldgrube gewesen zu sein, von 1670

bis 1680 war der Betrieb wahrscheinlich sogar geschlossen, denn nach der Zunftordnung durfte der Färbermeister das Brau- und Bierschenkengewerbe nicht ausüben. Dann aber kam das Haus wieder in die Hände von Bierbrauern: 1680 übernahm der Bierbrauer Bartholomä Schwaiger die Brauerei, 1691 kaufte Andreas Koppmeier das Anwesen, 1702 wird Georg Niedermeier als Besitzer genannt, 1724 folgten Franz Kern und Josef Hartum, 1727 schließlich Johann Heinrich, 1751 Franz Anton Gering, 1766 Johanna Rauner, 1767 Georg Christian Schlumberger, 1815 Johann David Schlumberger, 1825 Josef Wiedemann, 1857 Leonhard Spengler, dem 1872 Jakob und Walpurga Müller folgten. In der Zeit zwischen 1640 und 1767 wechselte das Haus nicht weniger als elfmal seinen Besitzer, dreimal kam die Gaststätte während dieser Zeit »in Gant«, das heißt sie war zahlungsunfähig geworden.

Dann wechselte die Braustätte für stolze 132 000 Gulden wieder einmal den Besitzer, neuer Herr im Haus war nun Johann Kuhnle, der Großvater des jetzigen Besitzers. Seit 1907 leitete der Braumeister Xaver Kuhnle die Geschicke des Hauses.

An-, Um- und Neubauten wechselten in schöner Regelmäßigkeit. 1933 wurde die Thorbräu umgebaut und dies unter einer klaren Vorgabe: »Der Charakter des Neubaus mußte sich der Umgebung, die ja durch das Wertachbrucker Tor eine betont altertümliche Note erhält, vollkommen einfügen.« Am 16. Mai 1933 begannen die Arbeiten und bereits im August des gleichen Jahres konnten sich die Augsburger davon überzeugen, daß sich die neue Thorbräu harmonisch in die Umgebung einfügte, wenngleich es naturgemäß auch etwas Wehmut gab. So konnte man am 24. August 1933 in der Zeitung lesen: »Schön war es, sehr schön sogar, das alte Thorbräugebäude, das nun der neuen Zeit gewichen ist. Im Schmucke der steilen Giebel, der Krantüren und

des blumengezierten Erkers schien es ein Stück übriggebliebene Bürgerbehaglichkeit, ein Überbleibsel beschaulicher, stillerer Jahrhunderte.« Ganz so beschaulich scheint es früher aber dann doch nicht zugegangen zu sein, denn beim Umbau fand man zwei menschliche Skelette, von denen der damalige Zeitungsreporter vermutete, sie könnten von einer Rauferei stammen, die früher in Wirtshäusern häufiger vorkam. Der neue Umbau wurde gebührend gelobt und er scheint in seiner Konzeption auch gelungen zu sein, sonst hätte man nicht am 31. Oktober 1933 in der Neuen Augsburger Zeitung lesen können, daß es dem Architekten gelungen sei, »unter voller Rücksicht auf die alte

Nach den Zerstörungen der THOR-BRÄU im Jahr 1944

Umgebung einen Bau hinzustellen, der allen neuzeitlichen Bedürfnissen entspricht«. Diesem schönen Bau waren gerade einmal elf Jahre gegönnt, dann wurde er in der verheerenden Bombennacht am 25. Februar 1944 so sehr beschädigt, daß er wiederaufgebaut werden mußte. Ab 1945 führte dann die Brauereibesitzerswitwe Maria Kuhnle, eine geborene Keckeisen die Brauerei, seit 1. Oktober 1958 steht Max Kuhnle dem Unternehmen vor, inzwischen unterstützt von seinem Sohn.

Natürlich kann eine Brauerei mit einer derartigen Vergangenheit nicht nur auf eine lange Tradition zurückblicken, sondern auch manche Geschichte zum Besten geben. So wohnte von 1817 bis 1825 neben dem Sommerbierkeller des Thorbräuwirts Johann David Schlumberger in der Heilig-Kreuz-Straße Hortense de Beauharnais, Exkönigin von Holland und Stieftochter Napoleon I. mit ihrem Sohn Prinz Charles Napoleon, dem späteren Napoleon III. Als die Dame eines Tages erkrankte, verschrieb ihr der behandelnde Arzt zur Stärkung des Gesamtzustandes eine tägliche Ration des kräftigen Braunbieres aus der Thorbräu, das er selbst kannte und schätzte. Der Bierbrauer ließ es sich nicht nehmen, dieses »Thorbräu-Medikament« persönlich bei der hohen Dame vorbeizubringen. Und was zunächst nur als Me-

Vor Erweiterung der THORBRÄU war eine Sprengung notwendig

dizin gedacht war, wurde später von den noblen Gästen mit Freude zu jeder Mahlzeit genossen.

Nach Abbruch der Stadtmauern im vergangenen Jahrhundert stieg die Zahl der Einwohner sprunghaft an und damit auch der Verkehr, der von den Pferdedroschken allein nicht mehr bewältigt werden konnte. Auf Antrag erteilte der Bayerische König Ludwig II. am 19. August 1880 auf Schloß Linderhof eine »Allerhöchste Concessions-Urkunde,

Sprengung der ehemaligen Kronenbrauerei im Jahr 1960

die Herstellung und den Betrieb einer Pferdebahn für die Personenbeförderung in Augsburg … betreffend«. Am 8. Mai 1881 rollte die erste von Pferden gezogene Trambahn vom Perlach über den Königsplatz zum Bahnhof, am 1. Juni 1881 folgte die Linie von der Drentwettstraße über das Wertachbrucker Tor, Perlach, Königsplatz, Burgfrieden nach Göggingen. Eine Fahrt kostete fünfzehn Pfennige, feste Haltestellen gab es keine, wer zusteigen wollte, winkte einfach dem Fahrer. Man erzählt sich, daß jedesmal, wenn das schnaubende Pferd den Straßenbahnwagen mühsam vom Senkelbach kommend den Berg hinaufgezogen hatte, einige Gäste ausgestiegen seien, weil sie »auf die Schnelle« eine halbe Bier beim Thorbräu trinken wollten, um sich für die rumpelnde Weiterfahrt zu stärken. Was für die Fahrgäste im Sommer eine willkommene Abwechslung darstellte, war den Conducteuren und Controlleuren dagegen strengstens untersagt. »Wer berauscht im Dienst angetroffen wird, muß mit seiner sofortigen Entlassung rechnen.« Und sollte es einmal Meinungsverschiedenheiten mit einem beschwipsten Fahrgast geben, so war selbst für diesen Fall behördlich vorgesorgt: »Kutscher und Conducteure haben sich des Gebrauchs unschicklicher Worte durchaus zu enthalten.« Diese »Haltestelle« gab es auch noch nach Einführung der Elektrischen Straßenbahn! In der Kurve sprang nämlich jedesmal das »Stangerl«, also der Stromabnehmer aus seiner Führung und diesen technischen Halt überbrückten die Fahrgäste mit einem guten Schluck Gerstensaft. Man erzählt sich, daß nach Stillegung dieser Straßenbahnlinie 1902 der Thorbräuwirt noch einige Zeit lang mit

Bierkrügen vor seinem Wirtshaus gestanden und vergeblich auf durstige Fahrgäste der Straßenbahn gewartet haben soll.

Wenn früher die Bauern aus dem Augsburger Umland mit ihren Fuhrwerken in die Stadt kamen, um ihre Naturprodukte auf dem Obstmarkt zu verkaufen, machten sie in der Regel gute Geschäfte: schließlich war die Stadt auf die Versorgung aus dem Umland angewiesen. Ein erfolgreicher Abschluß wollte gefeiert werden und wo ging dies am besten? Natürlich in einer guten Brauerei mit einem noch besseren Bier – im Thorbräu! Damit die Bauern ihre Fuhrwerke nicht auf der Straße abstellen mußten, gab es – so weiß Kuhnle sen. zu berichten – auf dem Brauereigelände einen eigenen Stadel zum Unterstellen der Fuhrwerke. Und wenn die Bauern, was oft genug vorgekommen sein soll, wirklich »einen über den Durst getrunken hatten«, so konnten sie hier in aller Ruhe ihren Rausch ausschlafen.

Das 400jährige Bestehen der Thorbräu wurde 1982 mit einem großen Tag der offenen Tür, vielen Attraktionen und einem Jubiläumsausschank gefeiert. Es gab stündlich Führungen durch den Betrieb, wie es sich für eine gute Brauerei gehört, hatte man zu diesem Anlaß natürlich ein Jubiläumsbier gebraut, das auch zu einem Jubiläumspreis verkauft

wurde: eine Maß kostete 2,50 DM. Natürlich ist die Thorbräu anläßlich der Sanierung des Wertachbrucker Tores beim gleichnamigen Thor-Fest im Juli dieses Jahres wieder mit dabei. Eigens für dieses Ereignis wurde ein süffiges Braunbier gebraut, von dem der Schreinerobermeister Schmid nach dem ersten Schluck urteilte: »Das hätte auch Elias Holl geschmeckt!« Das Mitmachen an diesem Fest ist den Wirtsleuten schon deshalb eine angenehme Verpflichtung, weil sich die Brauerei am Wertachbrucker Tor seit 1875, und damit seit fünf Generationen in Familienbesitz befindet. Die Thorbräu ist ein Begriff, eine Institution sozusagen und hier dokumentiert sich in ganz besonderer Weise ein traditionsreiches Stück Augsburger Stadt- und Brauereigeschichte.

Flaschenetikett der THORBRÄU

78

G'schichtn rund ums Thor

Fundort: Georgsviertel

Mit dem Eroberungsfeldzug der Römer im Jahre 15 v. Chr. beginnt die Geschichte des römischen Augsburgs. Die ältesten Gegenstände aus dieser Zeit wurden in Oberhausen gefunden und stammen wahrscheinlich aus einem Versorgungslager an der Einmündung der Wertach in den Lech. Dauernde Überschwemmungen veranlaßten die Römer zu einer Verlegung auf die zwischen Lech und Wertach verlaufende Hochterrasse. Das dort befindliche Militärkastell konnte an der Ostseite der Terrasse mit einer etwa 320 Meter Nord-Süd-Ausdehnung nachgewiesen werden. In diesem Kastell war eine Reitereinheit und möglicherweise eine kleinere Infantrieeinheit stationiert. Um 70 n.Chr. verließ das Militär **Augusta Vindelicorum**, aus der Militärstadt entstand die zivile Verwaltungsstadt der Provinz Raetien, die Tacitus als »splendidissima Raetiae provinciae colonia« (glänzendste Hauptstadt der Provinz Raetien) bezeichnet. Die Ausdehnung der Stadt mit ihrer Fläche von 65 Hektar ist im Prinzip bekannt und

man konnte auch größere öffentliche Gebäude nachweisen. So wurden zwei Thermenanlagen (eine davon in der Georgenstraße), eine Markthalle mit Innenhof (Stephansgasse) und der Palast des Statthalters (Äußeres Pfaffengäßchen) freigelegt. Daß man nicht mehr findet, ist – neben der dichten Bebauung – der Tatsache zuzuschreiben, daß im Mittelalter die römischen Steinbauten oft bis auf die Fundamente als billiger Steinbruch angesehen wurden. Als Beleg hierfür mag gelten, daß man sekundär verbaute Römersteine im Jakobertor ebenso findet wie im Dom.

Im 2. Jahrhundert erreichte die Stadt ihre Blütezeit, sie hatte zwischen zehn- und fünfzehntausend Einwohner. Mit der Auflösung der Militär- und Zivilverwaltung, dem sich abzeichnenden Zusammenbruch des Weströmischen Reiches und den Wirren durch die große Völkerwanderung im 4. und 5. Jahrhundert schlugen die Wogen endgültig über dem römischen Augsburg zusammen. Über den Aufstieg zur blühenden Provinzstadt aber gibt es eine Fülle von

Zeugnissen und Belegen, die natürlich auch aus dem Georgsviertel stammen, schließlich lag gut ein Drittel der Römerstadt auf diesem Gebiet.

So konnte man die westliche **Stadtmauer** und das dazugehörende **Westtor** nachweisen, das man passieren mußte, um auf die nach Kempten-Bregenz führende Straße zu kommen [FO: Kohlergasse]. Diese Stadtmauer und der davor liegende **Wehrgraben** wurden bei verschiedenen Ausgrabungen mehr-

Amphorenrest mit Pinselaufschrift

fach angeschnitten [FO: Lange Gasse, 1988] und ihr Verlauf gilt als gesichert. Die Reste mehrerer römischer **Steingebäude** konnten freigelegt werden, so unter anderem die Fundamentreste eines größeren Gebäudes mit einer Hypokaustanlage [FO: Georgenstraße, 1952 und 1983]. Zu diesen Gebäuden zählte auch die freigelegte **Thermen-**Anlage, die mit ihrem Standardgrundriß ein

nahezu klassisches Beispiel römischer Badekultur vermittelt: es beinhaltete ein Warmwasserbad (Tepidarium), ein Heißbad (Caldarium) und zum Abkühlen des Kreislaufes zwei Kaltwasserbecken (Frigidaria) [FO: Georgenstraße, 1930, 1948/49]. Nicht alle römischen Gebäude aber waren aus Stein. Dies stellte man fest, als man Reste von Holzbauten, Gruben und einen Brunnenschacht freilegte [FO: Am Backofenwall, 1984/Auf dem Kreuz, 1983–87].

Ihren 12-Tafel-Gesetzen entsprechend begruben die Römer ihre Toten »extra muros«, also außerhalb der Mauern. So fand man vor der nordwestlichen Stadtmauer mehrere **Gräberfelder** mit Statuetten und Büsten, einige Grabsteine und das Brandgrab einer römischen Frau [FO: An der Blauen Kappe]. Der römische Götterhimmel kannte beinahe keine Grenzen. So wundert es nicht, daß man eine ganze Reihe von entsprechenden Zeugnissen fand. Ein **Weihealtar** der Gemeinde Augsburg an Mars und Victoria ist ebenso darunter zu finden [FO: Kohlergasse/Alte Gasse, 1874] wie die **Weiheinschrift** des Statthalters Appius Claudius Laternus an Merkur, den Gott des Handels [FO: Altes Kautzengäßchen, 1505 erstmals erwähnt]. Man fand aber auch Reliefblocks wie den tanzenden Satyr [FO: Sakristei St. Georg, 1927]. **Grabmäler** und ihre Inschriften können wie ein offenes Buch sein, sofern man den ehemaligen Text lesen und einigermaßen rekonstruieren kann oder die eingemeißelten Bilder etwas über die verstorbene Person mitteilen. Dies gilt beispielsweise für den Grabstein mit Reiterrelief [FO: Klinkertorstraße, 1844], das Oberteil eines Grabsteines für eine Militärperson mit Inschrift [FO: Kirchhofmauer St. Georg] oder den Grabstein des C. Julius Achilleus und seiner Familie [FO: Kath. St. Georg, 1928]. Daß Weinhandel im römischen Augsburg verbreitet war, belegt der Grabstein eines Weinhändlers. Beim Bau des Musculushofes fand man neben anderen Spolien auch den Reliefblock eines großen Grabdenkmals mit einer Darstellung des Transportes von zwei Weinfässern auf einem Ochsengespann. In seltener Detailtreue wird hier ein Kutscher mit seinem vierrädrigen Wagen dargestellt, auf dem er zwei Weinfässer transportiert. Der bärtige Fuhrmann treibt die Zugtiere mit einem Ochsenstachel an, zur Sicherung der wertvollen Fracht sitzt auf den Weinfässern ein Hund [FO: Hl. Kreuz-Straße, 1988]. Eine Kopie dieses Steines befindet sich neben dem Gebäude in einer Mauer.

Auch aus dem römischen Alltag gibt es eine Fülle von Funden, die uns einen Einblick in das Leben der damaligen Zeit erlauben. Die katholische Kirche Hl. Kreuz und ihr Turm sind auf römischen **Fundamentresten** gebaut, im Turm findet man eine sekundär verbaute **Inschrift** für Kaiser Caracalla, im Fundament an der Turmaußenseite eine römische Inschrift, die einen Aquilifer nennt. Der Augsburger Parität entsprechend fand man natürlich auch bei ev. Hl. Kreuz »römisches«: unter dem Fußboden einen **Faltbecher** und einen **Soldatenteller**, in der Kirche selbst zwei sekundär verbaute **Reliefs** eines Wagen mit Faß und einem Reiter. In einem römischen **Brunnenschacht** stieß man in der Verfüllung auf menschliche Skelette [FO: Hl. Kreuz-Straße, 1989]. Man konnte aber auch verschiedene Gegenstände wie **Klapptisch**- und **Möbelaufsätze,** diverse **Haarnadeln**, silberne **Armreifen** und einen **Kupferzirkel** bergen [FO: Lange Gasse, 1988].

Amphoren als Transportmittel jeder Art sind vielfach bekannt. Das bekannteste Augsburger Exemplar besitzt, beinahe einem Frachtbrief ähnlend, eine Pinselaufschrift, die sowohl über den Inhalt der Amphore als auch über den Händler Auskunft gibt, der sie verkaufte: **LIQU**(AMEN) **SCOMB**(RI) **EXCEL**-(LENS) M. Valeri Maxumi, was heißt: Ausgezeichnete Makrelensoße (geliefert vom) Händler Marcus Valerius Maximus [FO: Alte Gasse, 1873]. Es gibt heute im Lech keine Makrelen, es gab auch damals keine. Dies bedeutet, daß die Amphore bereits einen weiten Weg hinter sich hatte (aus Südspanien / Südfrankreich), ehe ihr Inhalt im »glänzenden« Augsburg an einer Tafel als Soße oder Tunke verwendet wurde.

Der erste Fugger in Augsburg

Im Steuerbuch des Jahres 1367 findet sich folgender Eintrag: »fucker advenit, dedit XLIIII den. dignus« (Fugger kam, zahlte 44 Denare, er ist würdig). Dieser Eintrag ist die erste Erwähnung des Namens Fugger in Augsburger Urkunden.

Der Mann, der in diesem Steuerbuch erfaßt wird, ist Hans Fugger aus dem Dorf Graben auf dem Lechfeld. Der Sohn eines Leinenwebers machte sich auf in die Freie Reichsstadt, um sein Glück zu suchen und beruflich Karriere zu machen. Er kam zu einer Zeit nach Augsburg, als die Zeichen in der Stadt auf Sturm standen. Die bis zu diesem Zeitpunkt alleine regierenden Patrizier wollten nämlich nicht einsehen, daß die wirtschaftlich erstarkten Handwerker nicht mehr nur ihr Geld abliefern, sondern sich auch an den Geschicken der Stadt aktiv beteiligen wollten. Die sich daraus ergebenden Spannungen entluden sich explosionsartig am 22. und 23.

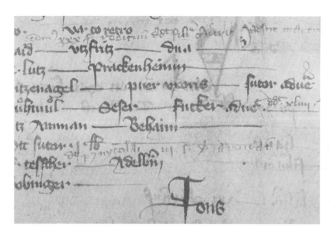

Auszug aus dem Zinsbuch 1367 der Stadt Augsburg: Erste Nennung des Namens Fugger in der Stadt

Oktober 1368. Da kam nämlich »ain groz folk uff den Pernlaich und sprachen, si wölten ein zunft haben … und wölten der stat puoch und prieff und insigel … einnehmen«. Die Handwerker besetzten die Stadttore und das Rathaus und forderten vehement die Einführung einer Zunft. Ihr Auftreten muß sehr entschieden gewesen sein, denn der Rat erließ umgehend einen ersten Zunftbrief (24. November 1368).

Hans Fugger hielt sich aus diesen Streitereien heraus, schließlich wollte er weben und handeln, aber nicht händeln. Und überhaupt: warum sollte er sich engagieren, wo er doch noch nicht einmal Bürger der Stadt war? Neuankömmlinge wurden Bürger, wenn »sie sich das Recht erheurathet oder erkauft« hatten. Der Schwabe entschied sich für die erste, weil auch billigere Methode und heiratete Clara Widolf, die Tochter eines Weberzunftmeisters. Und damit begann seine Karriere, denn durch diese Ehe wurde er nicht nur Bürger der Stadt, sondern auch Mitglied der Weberzunft, Empfänger einer ansehnlichen Mitgift und als Schwiegersohn eines Zunftmeisters auch ein gemachter Mann. Gewohnt hat das junge Paar im Haus der Schwiegermutter, das im Steuerviertel »von hailig crutzer tor gen Wertachprugg« lag, in der Nähe des Gesundbrunnens, in jener Gegend also, in der ein Großteil der Weber wohnte und arbeitete. Nach dem frühen Tod der ersten Frau heiratete Hans Fugger 1382 Elisabeth Gfattermann, verließ das Georgsviertel und wohnte fortan beim Gögginger Tor.

Als es noch keine Briefmarken gab

In Augsburg war man sich vor allem bei den Kaufleuten schon recht früh des Wertes von Informationen bewußt: bereits im 14. Jahrhundert richtete man einen eigenen Botendienst ein, der Briefe und Waren in andere Städte beförderte. Diesen Boten erwuchs durch die 1490 von Kaiser Maximilian I. eingerichtete Kaiserliche Post erhebliche Konkurrenz, obwohl sich das Reichsoberhaupt selbst auch des Augsburger Postbetriebes bediente. So überbrachte ein Bote dem Bundeshauptmann in Ulm die Abschrift eines Kaiserlichen Mandates, die

Abrechnung dieser Reise erfolgte am 3. April 1490. Mit der Leitung dieser Post wurde von Anfang an die weitverzweigte Familie Tassis (Taxis) mit Franz von Taxis (1459 bis 1517) an der Spitze betraut. Ausgestattet mit allen Patenten und kaiserlichen Privilegien der Habsburger Herrscher, sollte sie für eine Pauschalsumme reitende Post- und Kurierdienste im westlichen Europa aufbauen und organisieren.

Zunächst waren es amtliche Briefe und Botschaften, die zwischen den Höfen und Machtzentren von Kaiser Maximilian und seinem Nachfolger Karl V. in Deutschland, Österreich, Italien, Spanien und den Niederlanden wechselten. Später nahmen die Reiter – schon der Auslastung wegen – aber auch nichtamtliche Briefe privater Auftraggeber mit, so daß aus dem dynastischen Postdienst sehr schnell eine allgemein zugängliche Einrichtung wurde: die erste deutsche Post. Die Zahl der Postkurse stieg ständig an und schon um 1550 jubelte ein Chronist: »Die Erfindung der Posten ist unter die Glückseligkeiten jetziger Zeiten billig zu rechnen.«

Dem Standort Augsburg, Sitz des Taxi'schen Familienzweiges, kam von Anfang an eine überragende Schlüsselrolle zu. Lag doch die Stadt am Lech als einzige an der klassischen Route Innsbruck-Brüssel. Zugleich war sie Anschluß- und Knotenpunkt der Kaiserlichen Hofpost (auch unter Leitung der Taxis), mit der ein ständiger Informationsaustausch zwischen den Residenzstädten Prag und Wien sowie den jeweils unterschiedlichsten Aufenthaltsorten der Habsburger Herrscher hergestellt werden konnte. Augsburg wurde so zum Briefpostzentrum.

Das erste Posthaus in Augsburg ist bereits 1496 feststellbar, bestand aber damals noch nicht als ständige Einrichtung. Für die dann zunehmende Bedeutung der Augsburger Poststation spricht, daß ab 1515 ein Taxi'sches Posthaus vor dem Wertachbrucker Tor ein-

Posthaus der Kaiserlich-Taxi'schen Post vor dem Wertachbrucker Tor

gerichtet wurde, was wohl damit zu erklären ist, daß die Postreiter nicht immer rechtzeitig vor Einbruch der Dunkelheit in Augsburg eintrafen. Dies hatte dann zur Folge, daß sie vor den verschlossenen Stadttoren standen. Schließlich war in diversen »Spörr-Ordnungen« den sogenannten »Einlässern« (städtisches Torpersonal) vorgeschrieben worden, die Stadttore im Winterhalbjahr spätestens um 19 Uhr zu schließen.

Im Jahr der Errichtung dieses Posthauses amtierte Anton Taxis, der später nach dem Tod des Gabriel Taxis auch die Leitung der Österreichischen Hofpost übernahm. Unter Karl V. bekam Augsburg ein festes Postamt, das einzige in einer Reichsstadt des 16. Jahrhunderts. Und dieses Posthaus wurde das wichtigste auf der italienisch-niederländischen Postlinie: Anfang des 17. Jahrhundert beförderte man im Jahr fast 12000 Briefe!

Da diese Postmeister-Ämter erblich waren, gab es naturgemäß erhebliche Spannungen und Reibereien unter den verschiedenen Familienmitgliedern, vor allem, nachdem Anton Taxis gestorben war. Dieser Ärger hörte erst auf, als die beiden Postämter 1564 zu einem Postamt vereinigt wurden. 1640 wurde das Postamt in die Jesuitengasse verlegt, 1654 in die Frauentorstraße, stadt-

auswärts auf der rechten Straßenseite gelegen, nur drei Häuser vom Geburtshaus von Leopold Mozart entfernt. 1778 finden wir den Königlichen Poststall, den Post-Stallmeister und seine Dienstwohnung in der Langen Gasse.

Vom Aussehen dieses Posthauses vor dem Wertachbrucker Tor sind wir bestens informiert, schließlich schuf Lucas Kilian 1616 einen Kupferstich, auf dem (von links nach rechts) ankommende Reiter auf das Posthaus mit dem Habsburgischen Doppeladler zugaloppieren, im Hintergrund erkennt man das später abgebrochene Fischertor, die nördliche Stadtmauer, die Kirche St. Georg und den Backofenwall. Auf dem Stich sind auch das Familienwappen der Taxis und das Augsburger Stadtwappen mit der »Zirbelnuß« enthalten. Auf dem Stadtplan seines Bruders Wolfgang Kilian aus dem Jahre 1626 ist diese frühe postalische Einrichtung gegenüber des Backofenwalls auf Blatt 4 ebenfalls eingezeichnet und als Nummer 175 in der Legende als »Posthaus« aufgeführt.

Anläßlich des »Tages der Briefmarke 1984« wurde am 18. Oktober 1984 eine entsprechende Marke in fast 30 Millionen Exemplaren herausgegeben (Michel-Katalog Nr. 1229). Natürlich wurde am gleichen Tag vom Verband der Bayerischen Philatelisten-Vereine auch ein Augsburger Sonderstempel auf einem Ersttagsbrief mit der gleichen Briefmarke und dem eingedruckten Posthaus herausgegeben. Marke und Ersttagsbrief sind ein Beleg, daß es bereits im 16. Jahrhundert in Augsburg ein »Posthaus der Kaiserlich Taxi'schen Post« vor dem Wertachbrucker Tor gab!

Die Weber: Ein Stück Handwerksgeschichte

Als man am 6. Mai 1913 in der Müllerstraße den Teil eines römischen Grabmals geborgen hatte (heute: Römisches Museum), war belegt, daß man schon vor 2000 Jahren in Augsburg mit Textilien handelte: auf dem Stein sieht man vier Männer, die mit viel körperlichem Aufwand einen Textilballen verschnüren, während ein Aufseher mit aufgeschlagenem Notizblock (einem Holztäfelchen mit Bienenwachseinlage) das Tun aufmerksam registrierte.

Der eigentliche Höhepunkt der Weberei fand im 16. und 17. Jahrhundert, statt, als die Weber das Rückgrat des Augsburger Handwerks bildeten. Der Rat der Stadt begünstigte den Zuzug von Webern, »umb verhoffter erweiterung und merer erhalltung willen dess Fürnemen und nutzbaren Tuchhandels« willen und er legte damit den Grundstock für das blühende Wirtschaftsleben in der Stadt: mit über 2000 Weberwerkstätten war Augsburg vor dem Dreißigjährigen Krieg eine der größten Textilstädte Europas! Zu Beginn des 17. Jahrhunderts gab es in Augsburg 2830 Weber. Als Vergleich dazu: Ulm hatte 470, Memmingen gar nur 380 Weber. Im Musterregister von 1610 werden 2114 Webermeister aufgeführt, das sind 20,5 Prozent aller Steuerpflichtigen – von insgesamt 4933 Handwerkern machten die Weber als stärkste Berufsgruppe 43 Prozent aus. Das Gefälle wird deutlich, wenn man den Abstand zu den nächsten beiden Gewerben betrachtet. Die Schneider kommen auf 196, die Goldschmiede auf 187 Angehörige.

Diese Weberei spielte in der Frauenvorstadt (also auch dem Georgsviertel) eine größere Rolle als in allen anderen Stadtteilen Augsburgs. 49 Prozent aller Weber wohnten in diesem Stadtteil, von den hier wohnenden Steuerzahlern stellten die Weber 39 Prozent. Der Steuerbezirk des St. Georgengässle wies die größte Konzentration von Webern aus, hier wohnten nicht weniger als 178 Weberfamilien, das heißt, daß nahezu in jedem Haus Webstühle knarrten und klapperten: 45 der insgesamt 49 Häuser wurden von Webern bewohnt. Hier fand sich auch die größte Zahl von mittellosen Webern. Um deren größte Not zu lindern, wurden für sie 1529 auf Veranlassung des Rates achtzehn »Herrenhäuser« in der Nähe des Fischertores errichtet. Wo aber arbeiteten nun diese Weber? Das zu verarbeitende Garn benötigte einen gewissen Feuchtigkeitsgrad, um nicht zu brechen und auf dem Webstuhl weich verarbeitet werden zu können. Daher waren die Weberwerkstätten oft in kellerartigen Räumen mit hochgezogenen, ebenerdigen Fenstern zu finden, den sogenannten Duncken. Die Weber waren tüchtige, aber in der Regel arme Handwerker. Dies wird an einem Vermögensvergleich sichtbar. In der oberen Stadt wohnten vornehmlich an der Maximilianstraße die Reichen, es gab dort nur elf Prozent ohne zu versteuernden Besitz, sogenannte Habnitse, die eine Pauschalsteuer zu entrichten hatten. In der Frauenvorstadt war es genau umgekehrt: hier wohnten fünf Prozent Reiche, dafür aber 42 Prozent Habnitse. Darüber hinaus war das soziale Gefälle innerhalb der Weberschaft enorm. Es gab neun reiche Weber, dies waren Leute, die pro Jahr 10 fl Steuern zahlten und mehr. Ihnen gegenüber standen 1143 Weber, die kein zu versteuerndes Einkommen besaßen. So ist die Schilderung bestimmt nicht übertrieben, daß »die große Not und unsägliche Armut« unter den Webern »mit blutigen Tränen und mit keiner Feder zu beschreiben« sei.

Der ansteigenden Zahl von Webern stand nur ein bedingter Wohnraum zur Verfügung. Und gab es einmal eine Wohnung, war die Miete nicht zu bezahlen. So war es bereits 1550 für Weber schwer, »werckstäten und weber heuser zu finden«. Vierzig Jahre später gab es bereits so viele Weber, »das sie schwerlich heusser bekommen könden«. Dies hatte zur Folge, daß im Georgengässle fast 75 Prozent aller Weber in Häusern mit sechs Familien wohnen mußten. Man kann sich lebhaft vorstellen, wie eng es da zugegangen sein mag, von Intimsphäre war da sicherlich keine Rede. Und wie die hygienischen Zustände gewesen sein mögen, kann man nur mit Grausen vermuten.

Trotz ihrer Armut bildeten die Weber das Rückgrat des Augsburger Handwerks, schließlich profitierte auch das zuarbeitende Handwerk von ihrer Arbeit. Nur so ist es zu erklären, daß der Rat lange Zeit mehr oder minder ungebremst die Zuwanderung von Webern unterstützte und sogar förderte, weil »man hier in dissem handel findt den hauffen und fille der Arbait«. Spät, ja eigentlich zu spät erkannte man die ernsten Folgen dieses ungebremsten Zuzugs. Viele Weber lebten permanent am Existenzminimum, weil zu viele Tuche produziert wurden, für die es keinen Markt mehr gab oder die weit unter ihrem eigentlichen Wert verkauft werden mußten. Als im Dreißigjährigen Krieg der Tuchhandel und damit einhergehend auch die Produktion endgültig zusammenbrach, gingen die meisten Weber einfach zu Grunde.

Aus dem Litera-Viertel »F«

Per Beschluß des reichsstädtischen Senates wurde am 19. Juni 1781 der Ingenieur Voch beauftragt, das damalige Stadtgebiet in Pflegebezirke einzuteilen, um für die städtische Armenanstalt eindeutige Zuständigkeitsbereiche zu schaffen. Und weil der Ingenieur schon einmal beim Planen war, sollte er auch gleich noch eine Numerierung der Häuser vornehmen. Die Festlegung in Bezirke und Numerierung der Häuser geschah nach dem sogenannten Litera (=Buchstaben) – System in einer Kombination mit nachfolgenden Ziffern. Voch teilte die Stadt in acht Bezirke (daher auch »Stadtachtel«) nach folgendem System ein: für die »obere Stadt« galten die Bereiche A und B, für die »mittlere Stadt« C und D, für die »untere Stadt« E und F und für die Jakober Vor-

Augsburger Notgeld aus dem Litera-viertel F

stadt schließlich G und H. Alle außerhalb der Stadt gelegenen Anwesen wurden zunächst fortlaufend durchnumeriert, ab 1836 erhielten sie zusätzlich den Buchstaben J. Zugunsten neuer Straßenbezeichnungen wurde die Litera-Bezeichnung J aber bereits 1879 wieder aufgehoben. Dieses Litera-System galt

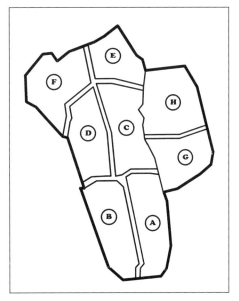

Aufnahme des Literaschildes F 42/43
in der Georgenstraße

Einteilung der Stadt in Literabezirke
Georgsviertel = Litera F

bis vor 61 Jahren, dann wurde es zum 1. April 1938 offiziell aufgehoben, da sich die Grenzen der damals 29 Stadtbezirke ab diesem Datum an den Grenzen der Polizeireviere und – der Zeit entsprechend – den jeweiligen NSDAP-Ortsgruppen orientieren sollten.

Wer aber mit wachen Augen durch die Stadt geht, der kann heute noch viele dieser ehemals gültigen Schilder entdecken (wie beispielsweise G 311 = Oberer Graben 45, A 307 = Beim Rabenbad 4). Eine typische Hausnummer war D 107, ein Schild, das noch heute

am Haus Frauentorstraße 9 unterhalb der Hinweistafel für das ehemalige Frauentor zu finden ist. Das Georgsviertel lag im Literaviertel F und genau gegenüber dem Eingang zum Haus Augustinus in der Georgenstraße 21 findet man noch das Nummernschild F42/43. Nach dem »Häuser-Verzeichnis der Stadt Augsburg 1890« wohnten damals in diesem Haus Crescenz und Adolf Reiß, Kupferschmiedsmeistersgatten. Heute wohnen andere Mieter in diesem Haus, dessen Literaschild vermutlich älter ist als seine Bewohner.

Leben rund ums Thor

Was hat das Wertachbrucker Tor im Laufe seiner langen Geschichte nicht schon alles gehört und gesehen? G'schichtn aus dem wirklichen Leben waren es und von einigen soll hier berichtet werden. In den 40er Jahren war auch nicht alles Gold war, was glänzte. Es gab damals viele arme Leute und zwei von ihnen wohnten tatsächlich im Torturm. Die beiden älteren Frauen lebten wahrscheinlich auch wegen ihrer Armut sehr isoliert, wohnten zwar in einer wirklichen Elendswohnung, hatten aber ein Dach über dem Kopf – und sogar ein historisches dazu! Aus diesem Grund standen sie auch in keinerlei Kontakt zu den Nachbarn der Straße. Aus dieser Zeit stammt die Aufnahme vom 9. März 1942, der man die Ärmlichkeit der Behausung eindeutig ansieht. Später fand auch noch ein Kunstmaler seine Behausung in den alten Gemäuern. Und nach dem Zweiten Weltkrieg wurde der Turm gar als Wäscheaufhängeplatz benützt.

Zwischen dem Wertachbrucker Tor und dem Senkelbach stand bis Ende der 80er Jahre ein Obst- und Gemüsestand. Dieses jahrzehntelang existierende »Lädele« war so etwas wie eine Institution und ein bunter Farbtupfer in der Grünanlage am Schleifgraben. Die alte

Elendswohnung im Wertachbrucker Tor 1942

Dame, die das Geschäft führte, war immer fröhlich und zu einem Schwatz aufgelegt, hatte es aber nicht besonders bequem in ihrem Holzkiosk: der nämlich war weder an das Stromnetz angeschlossen, noch besaß er eine Heizung! Als die Dame, die in den letzten Jahren von ihrem Mann, einem »Taxler« unterstützt wurde, das Geschäft aus gesundheitlichen Gründen nicht mehr weiterführen konnte, walzte die Planierraupe die anheimelnde Baracke nieder und machte sie dem Erdbogen gleich. Ab diesem Zeitpunkt mußte man Obst und Gemüse im Supermarkt kaufen. Und wieder war ein – wenn auch kleines – Stück Stadtgeschichte für immer verschwunden.

Nachdem es am alten Wachhaus aus dem Jahr 1742 Ende des 18. Jahrhunderts nichts mehr »zu kontrollieren«

gab, richtete die Stadt in dem erdgeschossigen Pavillonbau mit seinen fünf Säulchen die Städtische Freibank ein, eine Metzgerei, in der Fleisch- und Wurstprodukte zu günstigen Preisen verkauft wurden, die aus Notschlachtungen stammten. Interessant war die höchst unterschiedliche Käuferschicht. Während gutbetuchte Leute mit dem Landrover vorfuhren, um zehn Kilogramm Fleisch »für den Hund« zu kaufen, sah man als Dauerkunde auch immer wieder einen Kombi mit der Aufschrift »Landgasthof«.

Da diese Einrichtungen nicht den EG-Richtlinien entsprach, wurde der Betrieb Mitte 1997 geschlossen. Zunächst war von der Stadt eine Bier- und Weinstube geplant, ein Vorhaben, das sich allerdings aus unterschiedlichen Gründen nicht realisieren ließ. Um das histo-

Das Zollhaus als ehemals städtische Freibank

Ehemaliger Kiosk vor dem Wertachbrucker Tor

rische Gebäude nicht verkommen zu lassen, wurde es an eine normale Metzgerei verpachtet. An die ehemalige Freibank erinnern nur noch die Buchstaben oberhalb der Türe und das Schild mit den Verkaufszeiten.

Neben dem Wertachbrucker Tor steht heute noch ein kleiner Rest des ehemaligen, mittelalterlichen Backofenwalls. Hier saß einst der Torhüter, nahm den Einreisenden den Zoll ab und kontrollierte den Verkehr. Heute wird an dieser Stelle zwar kein Wegezoll mehr erhoben, sein Geld aber konnte man hier immer noch loswerden: beinahe seit Menschengedenken wurden hier hochprozentige Getränke ausgeschenkt.

Illusionen und Träume sind ein Reich, aus dem man nicht vertrieben werden kann! Wollte man sich vor 30 Jahren solchen Illusionen hingeben, ging man ins Kino – und da gab es im Georgsviertel eine allererste Adresse: das Emelka! Der Wirt »Zum Goldenen Karpfen«, Jakob Heidenkampf ließ 1927/28 in seinem an den Backofenwall angrenzenden Garten ein Kino bauen, das zurecht als Großkino bezeichnet wurde, denn es hatte 850 Sitzplätze. Am Freitag, den 13. Januar 1928 nachmittags um 16 Uhr öffnete das Kino seine Pforten und es wurde der Film »Die Jugend der Königin Luise« vorgeführt. Um auf das Kino hinzuweisen, ließ der »Karpfenwirt« an

Blick aus einem Wohnzimmer am Liebigplatz auf das Wertachbrucker Tor

seinem Wirtshaus in der Georgenstraße eine große Emelka-Leuchtreklame anbringen. 1944 brannte dieses Kino völlig aus, wurde aber nach dem Zweiten Weltkrieg wieder aufgebaut. Bei der Wiedereröffnung (25. Dezember 1948) wurde der Film mit dem beziehungsreichen Titel »Morgen wird es wieder besser« mit Sonja Ziemann und Rudolf Prack gezeigt.

In diesem Augsburger Kino wurde der

1. Ton-, der 1. Farb- und der 1. Cinemascope-Film gezeigt. Aufgrund seines interessanten und abwechslungsreichen Programmes konnte das Emelka in Augsburg die höchsten Besucherzahlen aufweisen. Und trotzdem konnte es sich auf Dauer nicht halten, so daß sich die Besitzer 1985 mit Wehmut entschließen mußten, das Emelka aufzugeben. Am 10. April 1985 wurde ein letztes Mal ein Film in die Trommel gelegt und vom Vorführraum flimmerte auf die Leinwand: »Verdammt in alle Ewigkeit«. Dann schloß der grandiose Filmpalast und wurde kurz darauf abgerissen. Das Emelka war als Institution so selbstverständlich, daß man sich nicht einmal die Mühe machte, zu fragen, was der Name eigentlich bedeutet: **E**ingetragene-**M**ünchn**e**r-**L**ichtspiel-**K**unst-**A**G!

Mit diesem Kapitel endet der Rückblick in die interessante Vergangenheit des Georgsviertels, dessen Bedeutung für die Entwicklung der Stadtgeschichte nicht zu unterschätzen ist. Mit dem folgenden und letzten Kapitel werfen wir einen Blick in die sanierte Zukunft des Wertachbrucker Tores.

Das ehemalige Kino Emelka am Liebig-Platz

93

Ein alter Turm erwacht zu neuem Leben

»In Zusammenarbeit mit dem Landesamt für Denkmalpflege muß eine für alle Beteiligten optimale Lösung gefunden werden, in der den denkmalpflegerischen Belangen ebenso Rechnung zu tragen ist, wie den Forderungen nach einer wirtschaftlichen Durchführung und Nutzbarkeit.« So lautete 1987 eine der Forderungen, als man mit Nachdruck auf die Notwendigkeit der Instandsetzung des Wertachbrucker Tores aufmerksam machte.

Die daraufhin 1988/89 durchgeführte Sanierung des Tores umfaßte in einem ersten Schritt die Außensanierung. Darunter verstand man unter anderem die Erneuerung des Turmdaches, die Restaurierung der Marienstatue und der darüberliegenden Sonnenuhr und – was damals besonders wichtig war – die Erneuerung des an vielen Stellen schadhaften Putzes und des kompletten Anstriches. Die Kosten für diese Maßnahmen beliefen sich auf über 800.000 DM.

Nachdem der äußere Zustand des Turmes »in Schuß gebracht worden war«, konnte man ab 1996 mit der Innensanierung beginnen. Das Sanierungskonzept war auf folgenden Überlegungen aufgebaut. Das Alte und Historische sollte in jedem Fall bewahrt, das notwendige Neue aber eindeutig als »neu« dargestellt und auch konsequent vom Alten abgegrenzt werden, um so eine ganz bestimmte Raumwirkung erzielen zu können. Oberste Priorität besaß die Überlegung, daß sich der zurückhaltende Umbau in jedem Fall der historischen Substanz unterzuordnen hat. Dabei galt es vor allem, zwei Aspekte miteinander in Einklang zu bringen: einerseits sollte der typische Charakter des nordwestlichen Wehrturmes der Stadtbefestigung erhalten bleiben, andererseits wollte man den Turm auch praktisch nützen. Und dies war nun wirklich leichter gesagt als getan. Einmal zogen sich die Verhandlungen um den Denkmal- und Brandschutz länger hin als ursprünglich geplant, dann konnte man nicht sofort mit den Arbeiten beginnen, weil buchstäblich der Wurm drin war. Die Etagen des zukünftigen Domizils der Schreinerinnung waren komplett vom Holzwurm befallen und alle Balken bis unter das Dach mußten erst entsprechend behandelt werden.

Ein erster notwendiger Schritt war dann das Anbringen von Taubengittern, um den gurrenden Zeitgenossen den freien Durchflug inklusive Landerecht im Turm zu verwehren. Taubenkot ist nicht nur lästig, sondern darüber hinaus auch noch außerordentlich aggressiv. Nachdem die Gitter angebracht waren, mußten sämtliche Räume erst einmal von den Hinterlassenschaften der gefiederten Freunde gereinigten werden. Aber auch der eigentliche Beginn der Sanierungsarbeiten war mit Schwierigkeiten verbunden. Ausgelöst durch ein geplatztes Rohr ergossen sich 300 Liter Wasser in die Räume, was zur Folge hatte, daß man erst Böden entfernen und den Turm mit Heizungskanonen

Aufnahme des Wertachbrucker Tores 1970

Das Tor nach der Sanierung im Jahr 1989

wieder trockenlegen mußte, ehe man endlich »loslegen« konnte.

Nach den Richtlinien des Denkmalschutzes wurden die Restaurierungsarbeiten ausgeführt. Kompetente Fachleute standen dabei zur Seite: die Mitgliedsbetriebe des Vereins »Qualität am Bau« engagierten sich mit großem finanziellen und handwerklichem Einsatz und umfangreichem Fachwissen. Im Gedenken an den großartigen Stadtwerkmeister Elias Holl war es ihnen eine Ehre, hier mitzuhelfen. Am aufwendigsten gestaltete sich dabei die Realisierung der brandschutztechnischen Maßnahmen sowie der Einbau der Heizungs- und Elektroinstallation. Wie Siegfried Schmid, Obermeister der Schreinerinnung und Peter Wittmann, der leitende Architekt mitteilen, liegen aber alle Arbeiten »in der Zeit« und werden rechtzeitig vor Beginn des Wertachbrucker-Thor-Festes am 29. Juli abgeschlossen sein.

Das Konzept für die Nutzung des Wertachbrucker Tores sieht neben dem Eingang die Aktivierung sieben verschiedener Ebenen vor, die nachfolgend erläutert werden sollen, damit man sich auch eine Vorstellung vom Innenleben des Turmes machen kann.

Ebene 0 Der Eingang in den Turm erfolgt vom Backofenwall aus. Der erste Raum wird als Empfangsbereich und Wartezone genützt. In dem kleinen Kassenraum befindet sich eine Garderobe und eine WC-Anlage.

Künftiger Eingang in den Torturm

Ebene 1 In diesem Raum, der mit einem neuen Holzboden und einem neuen Geländer ausgestattet wird, macht man die Besucher mit Hilfe von Informationstafeln mit der Baugeschichte des mächtigen Turmes vertraut. Hier wird auch die Innungsfahne, Schmuckstück und Zunftsymbol der Schreinerinnung, ihren würdigen Platz erhalten.

Ebene 2 Über eine weitere Treppe gelangt man, vorbei am Speichergeschoß der ehemaligen Stadtmauer, in die Zunftstube der Schreinerinnung. Kleinere Versammlungen, Besprechungen oder ein zünftiger Stammtisch bieten

96

hier die Möglichkeit von Begegnungen vielfältiger Art. Damit auch für das leibliche Wohl gesorgt werden kann, wird im Dielenbereich mit seinen schönen alten Gewölben eine kleine Teeküche eingebaut. Nach Vorgaben des Denkmalschutzes bleibt die ehemalige Schwarzküche, die in früheren Jahrhunderten die einzige Kochstelle im Turm war, in ihrer ursprünglichen Form mit sämtlichen Gebrauchsspuren erhalten.

Aufnahme vor der Innensanierung

Ebene 3 Über den Flur und die historische Treppenanlage gelangt man in den Bereich, in dem sich die Innung einen lang gehegten, bisher aber nicht realisierbaren Wunsch erfüllen wird: in den Archivräumen werden historische Schriften, alte Protokollbücher, Pläne und Zeichnungen des Schreiner-, Zimmerer- und Tischlerhandwerks aufbewahrt und der interessierten Öffentlichkeit präsentiert. Diese Unterlagen befinden sich zur Zeit noch bei ehemaligen Obermeistern, der Kreishandwerkerschaft und verschiedenen Innungskollegen. Hier können all diese Unterlagen zentral erfaßt, geordnet, archiviert und für die Nachwelt erhalten werden.

Ebene 4 und 5 Über die Treppe kommt man in den Rundturm des Wertachbrucker Tores. Hier werden für das Schreinerhandwerk Ausstellungsräume geschaffen. An Schauwänden und in Vitrinen werden historische Bücher, kleinere Werkstücke, Nachbildungen und Werkzeuge ausgestellt, die einen Einblick in die Entwicklung des Schreinerhandwerks erlauben. Das Tageslicht dringt dort nur spärlich durch die heute nicht mehr benötigten Schießscharten und verleiht so dem Raum mit seinen trutzigen Mauern eine besondere Atmosphäre. Hier atmet man noch den Hauch der Geschichte, der mächtige

Wertachbrucker Tor Nutzungskonzept

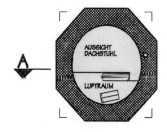

EBENE 7
DACHSTUHL

EBENE 6
MEISTERSTUBE

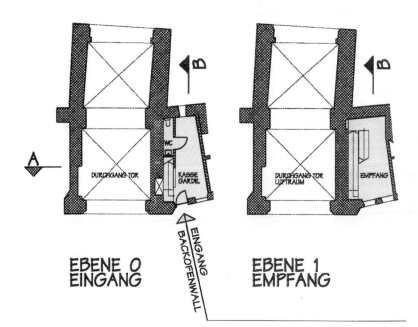

EBENE 0
EINGANG

EBENE 1
EMPFANG

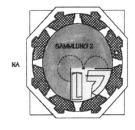

EBENE 5
SAMMLUNG 2

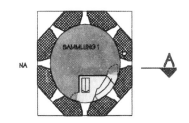

EBENE 4
SAMMLUNG 1

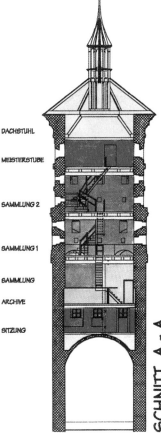

DACHSTUHL

MEISTERSTUBE

SAMMLUNG 2

SAMMLUNG 1

SAMMLUNG

ARCHIVE

SITZUNG

SCHNITT A - A

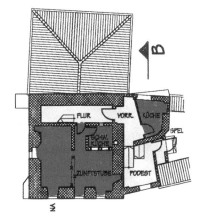

EBENE 2
SITZUNG

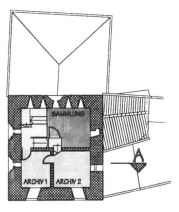

EBENE 3
ARCHIVE

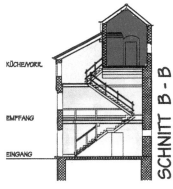

KÜCHE/VORR.

EMPFANG

EINGANG

SCHNITT B - B

ARCHITEKTURBÜRO PETER WITTMANN ARCHITEKT

Wehrturm kommt in vollem Umfang zur Geltung.

Ebene 6 Über eine letzte Treppe gelangt man in den Vorraum, an dem die historische Treppenanlage endet. Von hier aus hat man Zugang zum Heiligtum des Turmes, der Meisterstube der Innung. Von diesem geschichtsträchtigen Platz aus wird der Innungsmeister künftig die Geschicke der Augsburger Schreinerinnung leiten. Der Raum soll aber nicht nur für das Alltagsgeschäft oder für besondere Anlässe genutzt werden, sondern er soll dem Besucher

Madonna im sanierten Wertachbrucker Tor

vor allem auch einen wunderschönen Rundblick über die Stadt Augsburg ermöglichen.

Ebene 7 Von der Meisterstube führt eine moderne Stahltreppe in die letzte Ebene des Turmes, um den Interessierten die einzigartige Möglichkeit zu bieten, einen Blick auf die mächtige Dachstuhlkonstruktion werfen zu können, die vom Stadtwerkmeister Elias Holl 1605 errichtet wurde.

Das Wertachbrucker Tor ist das einzige Projekt, das fast nur mit Firmen der Handwerkervereinigung »Qualität am Bau« betreut und saniert wurde. Die Schreinerinnung Augsburg mit ihrem Innungsobermeister Siegfried Schmid, der leitende Architekt Peter Wittmann und die am Bauwerk beteiligten Handwerker haben sich mit beispielhaftem Engagement in harmonischer Zusammenarbeit mit den beteiligten Behörden an diese wahrhaft historische Aufgabe gemacht und sie alle waren sich ihrer hohen Verantwortung bewußt. Mit der Sanierung des historischen Wertachbrucker Tores leisteten sie nicht nur einen wesentlichen Beitrag zur Erhaltung der eigenen Geschichte, sondern sie setzten auch gleichzeitig dem Augsburger Schreinerhandwerk ein Denkmal, das seinesgleichen sucht.

Bildanhang

Das Wertachbrucker Thor
Historische Postkarten und Ansichten

Augsburg Wertachbrückertor (a. d. Jahre 1403)

JOHANN KUHNLE, THORBRAÜ

AUGSBURG.

Augsburg
Wertachbrückertor

Augsburg   Wertachbrückertor

ugsburg · Wertachbrücker Tor

Augsburg, Liebigplatz u. Wertachbrunnen

AUGSBURG   LIEBIG-PLATZ MIT WERTACHBRUCKER-TOR

WERTACHBRÜCKENTHOR.

WERTHACHBRÜCKEN - THOR.

Augsburg. Wertachbruckertor.

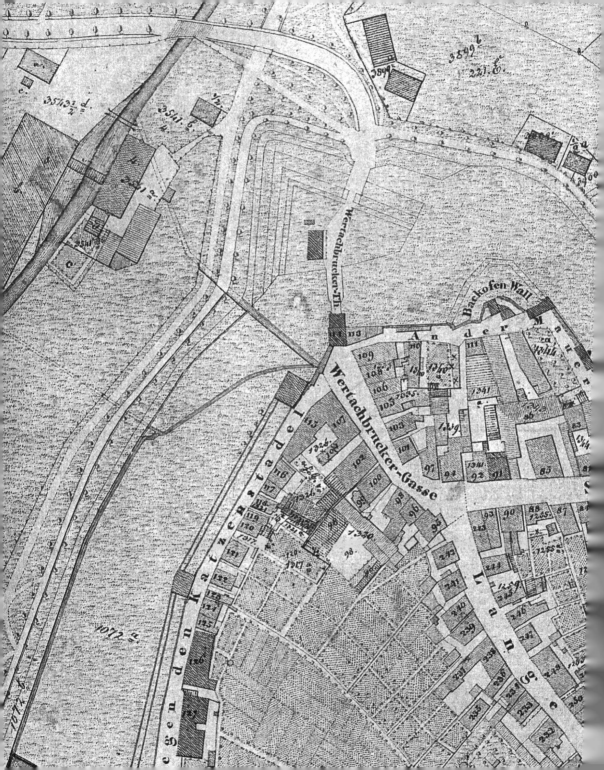